老師沒教的
40堂醫療必修課

40個真實法院判決
攸關病人安全、避免醫療糾紛

高雄榮民總醫院急診醫學科主治醫師
急診醫學會醫療品質暨病人安全委員會委員
楊坤仁 醫師 著

總目錄 contents

Part 1

簽了是保命符？還是賣身契？怎樣簽才有保障？

你該知道的同意書基本觀念

Part 2 攸關醫療人員的法律責任與病人安全準則

那些老師沒教的醫療常規

確保手術與麻醉安全（詳見本書第 101 頁）

   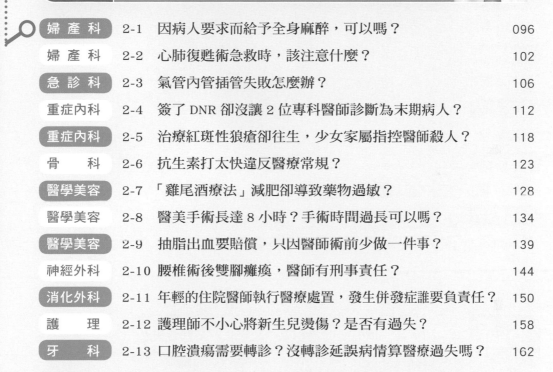

麻醉專科
醫師

病人監控
設備

藥物管理
機制

急救流程
確認

總目錄 contents

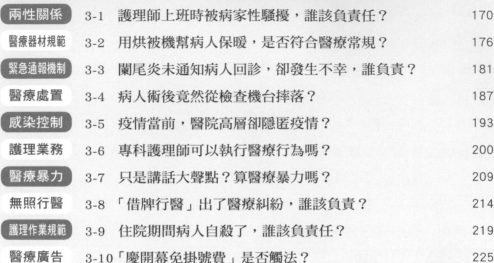

Part 3
增進病人與醫療人員安全、降低經營風險、減少法律損失

主管該知道的醫院管理

Part 4
沒有人是真正的勝利者：學習法院判決趨勢

最新判決教我們的事

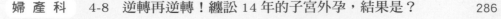

索引目錄 從案例看違反醫療常規引起的糾紛

醫療廣告可以宣傳的範圍（詳見本書第 228 頁）

醫療機構
介紹　醫師專長
介紹　診療科別
介紹　開業日期
介紹　主管機關
容許

貫通醫療及法律的隧道

王永福
頂尖職業講師

　　隔行如隔山！坤仁醫師的這本書，就像貫通其中的隧道，讓我們不用被這些專業知識的高山所阻，可以快速通達，馬上應用。

　　從一般人的立場，醫療專業，就像一座巨大的山，立在我們前面，想要理解其中，絕不是那麼簡單！而換個角度，法律專業，也像另一座大山，都說法律是保障懂法律的人，但是在專業名詞的隔閡下，我們也常常不得其門而入！

　　那「醫療」加「法律」呢？我想這兩座山立在前面，大家跑都來不及了，應該沒有太多的能力，一探究竟吧？

　　偏偏這兩件事情，我們又都避不開。去醫院做個檢查，一定會有同意書；手術或麻醉，還是要有同意書。我不知道你在簽名時有什麼感受，我常常迷迷糊糊，就簽下名字了，但是**當我們簽下醫療相關的同意書時，同時就已經遇到「醫療」及「法律」這兩個領域。**只是在簽名時，我常常不懂。不是不想懂，是沒有能力懂！

　　現在，終於有了坤仁醫師這本好書，幫我們貫通行業專業知識的高山！認識坤仁醫師是在幾年前的講師訓練，他用簡單易懂的教學，讓我們學習急救心肺復甦術的專業。到現在我都還記得他用一首《Stayin' Alive》，教我們如何掌握壓胸的節奏！坤仁醫師既是專業的急診醫師，也是法律碩士。再搭配上他清晰易懂的文筆及生動有趣的教學。「醫療」加「法律」這兩座大山，對我們就不那麼生硬難懂了！**這本書就像一個貫通其中的隧道，帶我們深入其中，一探奧秘！**

　　如果您是像我一樣的一般人，您需要這本書帶你探索跟我們日常有關的醫療法律。而如果您是「醫療」或「法律」的專業人士，書裡面的個案跟判例，更能讓您連結不同的專業，擴展更大的應用層面。

　　連結不同的專業，用案例貫穿其中。讓不懂的人可以懂，懂的人能更懂！我推薦坤仁醫師這本好書！

讓醫病互信互助，
是你我衷心所願

王宗倫

輔仁大學醫學院副院長、輔仁大學醫學系暨法學系教授
亞洲復甦聯合會主席、台灣災難醫學會理事長

在台灣的急診醫學界，我可能是第一個跑去唸法律的。在我之後，許多急診醫學後進，也將心力投入法律的鑽研。而坤仁是其中的佼佼者。

雖然我過去也和許多學者，曾經合著醫療法律專書，但是直到目前為止，還無力獨立完成著作。而坤仁在急診臨床工作之餘，不僅完成了法律研究所的學業，更時時與社會接軌，運用新穎的教學手法及社群媒體，不斷地以平實的話語，闡述各種重要的醫療法律概念。此次，更以 40 個法律實務判決現身說法，獨立完成大作，讓廣大尚無機會深入研習法律的醫界及社會大眾，一目瞭然地了解許多醫療爭議的法律觀點，及其因應之道，實在令人激賞及敬佩。

我目前擔任輔大醫學院副院長及教授。在從事醫學教育的路途中，常常提醒醫療夥伴，無論還在學，或是已進入職場，在醫學領域中所謂的六大核心能力，其中有所謂「制度下的臨床工作」。在台灣，從事臨床工作，有兩個重要的制度，必須熟悉。一個是健保

制度，另一個就是台灣的法律制度。但是這兩個制度，分別代表了不同於醫學專業的另外兩個專業領域，並不是輕易能夠了解。而臨床工作繁忙之餘，也不是每位醫師都有閒暇，可以花費心力去深入研究。我在許多醫界的法律演講或教學中，常自許能當作一個橋樑，希望用最能理解的方式，讓大家在有限的時間中，對於法律有更廣泛及深入的認識。但是利用授課演講，或許能觸及的層面，還是有限。坤仁出版本書，我相信一定能擴大影響層面，發揮最大效益，使更多人從中受惠。這是我衷心期待，也相信必然能達成的！

我個人素來主張「醫療無常規」，說的是即使嚴重度完全相同的同一種臨床情境，對於不同的人，在臨床處斷上，不可能完全相同，所以在法律上不該以「醫療常規」加以框架，而應該尊重「臨床裁量」。換句話說，我個人以為，「醫療常規」是法律創設的概念，當然是我們在醫學院時，老師所不曾教的。但事實上，「醫療常規」仍是法界多數說或通說，亦是事實。所以，法律人所說的「醫療常規」，到底是指什麼？還是值得我們好好的理解。

坤仁這本書，正是利用實際判決中的法院見解，用著所有人聽得懂的語言，加以詮釋。不僅可以想見，其中花費的時間精力，也可以了解這本著作內容，將是多麼實用！事實上，**用白話的方式，**

同時闡明醫療及法律的重點，其立場已不是只站在醫方，也站在病家。除了消弭醫病歧異，也是促進病人安全。也就是為了避免醫病之間的糾紛，同時也讓大家合理重視就醫權益。從各個角度，都是值得肯定的做法。

我和坤仁都特別重視醫療刑法，也都相信刑法是國家最嚴峻的法律，不宜輕易使用。而醫療本是醫病雙方的協力行為，不該是單方面課予義務，追究責任。因此，應該讓醫病雙方對於醫療及法律，都有相同的認知以及共同的理念。

在互信的基礎上，用夥伴關係完成醫療行為，相信是最能保障病人安全，達成最大利益的做法。誠心期待坤仁這本書能扮演這個重要的角色，讓醫病雙贏，高枕無憂。

我真心推薦坤仁這本書，希望大家珍惜坤仁這 10 年來的心血。人手一本，讓醫病互信互助，關係和諧，正是你我衷心所願！

硬功夫和軟實力，
實質改善台灣的醫療環境

吳肇鑫

童綜合醫院醫療副院長

「吳肇鑫～非常的急診室醫師」FB 粉絲專頁版主

　　我和楊坤仁醫師有一些共同點，都是急診專科醫師、都因為興趣到法律研究所進修、也都常常獲邀參與有關醫療法律的演講。

　　我和楊坤仁醫師也曾在數個演講課程同台，所以了解我與他也有很多不同點。楊醫師比我年輕得多、用功得多、行動力強得多！

　　年輕的部分就 BJ4（不解釋，網路用語）了，楊醫師的用功和行動力，最讓我佩服的是醫療糾紛判決書的整理和精要的分析能力，還有簡報課程的靈活運用。

　　我在醫界已經工作 20 多年，長期協助院內醫療爭議的處理、衛生局的醫療糾紛調解、還有醫審會的醫療鑑定，看過的判決書和參與的醫療糾紛實務解決，應該數以百計了。但是坦白說，台灣各級法院的判決書不論對民眾或醫師來說，都是「有字天書」。因為法院判決書有固定的格式和用語，案件的事實論述和法官心證的邏輯，也都需要層層堆疊、四平八穩。可惜唯一的問題就是「看得懂眉角

的人並不多」，我認為這是目前台灣醫療環境的困境造成的重要原因之一，不應該再被忽視了。

　　楊坤仁醫師的這本書，用心整理了 40 個醫療糾紛的真實案例。每一份判決書都有動輒數萬到數十萬字的內容，想要整理談何容易，真的是一門「硬功夫」！但是楊醫師融合了醫療、法律、倫理、人性、溝通、實務等「軟實力」，化繁為簡，甚至翻成醫病雙方都看得懂的白話文。**我最大的期待就是醫師經由這樣有系統的整理舉一反三，應該明確了解法律的要求該如何執行，進而保護病人的安全。對於病家來說，如果不幸出現醫療結果不如預期的時候，他們知道什麼是醫療的極限，同時也知道如何理性維護病人應有的權利。**

　　我很樂意推薦身兼「硬功夫和軟實力」的楊坤仁醫師出版這本書，衷心希望這樣的「軟硬兼施」，可以實質改善台灣的醫療環境。醫師不再恐慌動輒得咎，民眾也不需要因為求助無門而盲訴濫訴，這就真的是台灣之福了！

與其怕「調解」不如先「了解」

張怡婷

幫你優業務副總暨行銷總監

「女人進階」FB 粉絲專頁版主

　　未知，是令人極度害怕的狀態。人們因未知而抗拒，尤其是艱深難懂的專業領域，例如醫療與法律。人們也因未知而恐懼，尤其是負面情緒連結較深的事件，例如疾病、意外與訴訟。大家通常不會去想「如果我生病了怎麼辦？」、「若是我出意外了怎麼處理？」，更不用說事先假設「我會遇到醫療糾紛嗎？」，所以遇到這類的事件，就會更加害怕憤怒，讓本來就不簡單的事情益發的複雜，一不小心就把狀況越理越亂。

　　難得有跨界這兩大專業領域的楊坤仁醫師，運用案例且有系統架構的解說，**深入淺出的帶領我們了解「醫與法」交集的領域。**人稱「大仁哥」的坤仁醫師，人如其名的溫和有耐心，擁有高超的授課演講技巧，因此即便他傳授的主題「醫療常規」，乍看之下嚴肅的讓人心生畏懼，卻總看到現場聽眾興味盎然的討論互動、驚呼連連，不知幫助了多少醫生與民眾，輕鬆明白了看似艱深的醫療法律。而這些有趣又特別的專業課程，終於透過出版整理成冊，讓大家可以隨手翻閱、隨身珍藏。

　　透過大仁哥整理分析的 40 個案例，我們擺脫了因未知而產生的抗拒與恐懼，這才明白了電視網路上聳動的新聞事件，背後到底有哪些法與理的脈絡？了解了醫生老愛自嘲天下最賺錢的方法就是「第一賣冰、第二告醫生」，背後到底還需要下多少謹慎的功夫？了解了醫生到底有沒有責任？是刑事責任？還是民事責任？

　　謝謝大仁哥出版這麼實用的工具書，相信透過這本書，能更了解這些醫療常規，醫生能更放心的發揮專業，民眾能更顧全病人權益及安全，醫病關係也將更緩解與和諧。

兼顧醫病權益，讓醫病法三贏

張麗卿
國立高雄大學傑出研究特聘教授

　　恭喜楊醫師終於出書了。猶記得，2010 年楊醫師來讀法律時，已經是一位急診醫師。雖然急診醫師工作壓力大、也要日夜輪班，但楊醫師仍然利用時間到高雄大學法律研究所修習學位。楊醫師對刑法及醫療法律有濃厚的興趣，不僅重複修了我所開設的醫療法律課程，也參與了許多醫法論壇的學術研討會，並積極參與討論。他曾告訴我：「他希望藉由這些學習醫療法律的經驗與心得，分享給所有的醫療人員，當我們面對病人時，能更小心謹慎、也讓病人安全更有保障。」

　　做為楊醫師的碩士論文指導教授，很高興看到楊醫師收集這些醫糾案例，並且集結出書。這本書的特色是，以白話的方式教大家如何促進病人安全。一方面可以藉此避免醫病之間的糾紛、另一方面也讓病人更瞭解就醫時的權益。

　　法律並不是為了處罰醫療人員而存在，而是為了讓病人安全更有保障，因此法律會站在雙方平等的角度，為爭議做出裁決，並謀求雙方當事人的最大利益。**這本書正是兼顧了醫病雙方在法律上的權益及保障，而能讓醫、病、法三贏的一本教材。**

給醫療一個乾淨、單純的就醫環境

謝文憲

知名講師、作家、主持人

　　如果說從事企業內訓與成人教育 15 年的我，勉強算是桃李滿天下的話，而坤仁，算是我第一批開枝散葉的桃李。

　　我有一堂許多知名醫師都上過的課程「說出影響力」，坤仁就是當年第一批的學員，在我的公開班剛起步的時候，他在當屆課程中，奪下了冠軍。

　　略懂醫療，略懂法律，但不懂醫療加法律的我，很懂坤仁，我想跟大家聊聊我看坤仁的三個面向：

1、**理性與感性**：理論上在大賽中奪下冠軍，應該是辯才無礙、誰與爭鋒，但是坤仁就是那種讓人完全看不出來的高手，溫和低調、說話會抖的醫師。靠著他對醫療的專業，與對病患的細微觀察，用溫暖的故事詮釋他感性的論述，卻有著說服他人不用大聲的理性激鋒。但他一旦受邀到我廣播節目專訪的麥克風前，又回到靦腆、謙虛的專業醫生樣貌。

2、領導與調度：坤仁接受我的推薦，擔任第一屆「說出生命力」全國身心障礙者講演比賽的總召工作，一開始他的靦腆、謙虛又展現了，但越到比賽當天，越能看出他的領導能力，以及各種人員、資源的高超調度能力，我想，一位優秀的急診醫師，一定也會是一位優秀的領導者。

3、專業與溫暖：我有位前輩的妹妹，在恆春因為心臟病發，必須轉送高雄榮總開刀，我麻煩他幫忙關照，他一句：「沒問題，我來。」讓我及前輩安心不少。但隨後的專業建議與說明，讓我充分理解急診醫師的難處與顧慮，我回：「了解。」這件事，在坤仁醫師的專業與溫暖協助下，病患順利出院，讓前輩感動莫名。

我用以上三個小例子，分享坤仁給我的三種不同面貌，並且大聲承認：「我欣賞坤仁。」

無論是身為醫師的他，喜歡旅行的他，愛家的他，在講台上教導簡報技巧的他，還是熟讀並鑽研法律知識的他，都是我欣賞的。坤仁期待藉由**減少醫糾，還給醫療一個乾淨、單純的就醫環境，無論從保障醫護、病患及家屬、社會大眾等三個面向來看，這本書，都非常值得一讀。**

學習避免醫糾，
創造醫、法、病三贏

楊坤仁

準備了 10 年，終於把這本書寫出來了。

10 年前，我才剛開始讀法律。那個時候是醫療糾紛的開端期，也是法律與醫療間，最劍拔弩張的時期。當時由於醫療不懂法律、法律也不懂醫療，判決並不夠成熟，法官會用法律的思考模式認為醫師違反醫療常規，而判決醫師有罪，醫師有罪的消息常常攻上社會新聞頭版，也容易引發醫師們的不滿。

「醫療常規都是法官說了算！真是莫名其妙！」醫師們憤憤不平地說。

於是當時一個想法就在 10 年前的我心中萌芽：「既然這樣，那不如我來收集判決，解析這些『法官認為的醫療常規』，讓醫師們有『醫療常規』可以遵循，知道該怎麼做才不會被告上法庭，才可以有效避免醫糾。」

　　後來我半工半讀，花了 6 年完成法律研究所的課業，再花了 3 年收集判決、花了 1 年把判決重新編輯成書。10 年前一個小小的願望，現在終於把這本書完成了。

　　那就把這本書叫做《老師沒教的 40 堂醫療必修課》吧！這些「醫療常規」都是醫學院裡的老師沒有教、但卻又是法院認證的醫療規範。

　　有人問說：醫療爭議事件中，真的進入法院程序的比例那麼少，為什麼還要討論這些判決？

　　沒錯，醫療爭議事件大部分的比例都經由調解處理掉了，調解不成而告上法院的，也有很大的比例被檢察官認定沒有違反醫療常規而不起訴。那為什麼還要寫這本書？**事實上，這本書並不是「遇到醫糾該怎麼辦？」教大家怎麼處理醫糾的書**，那些如調解、和解、提告、自救之類的，前輩寫的書已經夠深入了，不需要我再著筆。

　　「調解」是處理醫療爭議很好的方式，可以避免多數的案件進入法庭，但「調解」並不是「預防」醫糾的好方法。舉個極端的例子：如果某個城市的「醫糾調解」非常發達，所有的爭議事件都可以 100% 調解成功，100% 不會上法院，這樣很好吧？

　　我覺得這樣並不好，雖然這代表了醫療爭議事件都會被和平處理，但因為少了第三方的公開審理，到底醫療過程中有沒有錯誤，事實的真相卻沒人知道。

　　這裡不是說「調解」不好，而是要說**「調解」是事後解決爭議、避免雙方訟累的方法，但卻不是「預防」爭議的方法，也無法從根本保障病人安全。**

　　怎麼樣才不會被告？其實想辦法讓病人活著，醫師就不會被告。因此**從判決中學習病人安全及權益，才是預防爭議的方法。**

　　如果醫師從這些判決中，知道做了什麼會被告到脫褲，那是不是就會避免這些情形再度發生？如果病人從這些判決中，知道上法院告不贏，那是不是就不會再堅持提告，鬧得兩敗俱傷？**當醫師知道什麼該做、什麼不該做、當病人知道怎麼保護他的權益，那最後獲得最大利益的，就是病人安全**。於是病人的意外變少了、訴訟也變少了、最終就是醫、法、病三贏的局面。

　　《老師沒教的 40 堂醫療必修課》這本書，是一本沒有法條的法律用書，也是一本醫學院沒教的醫療用書、更是一本關於醫療品質的管理用書。**裡面全部都是真實的故事、真實的判決。這些真實故事的背後，可能是病人不幸、也可能是醫師不幸，而唯一的確幸，就是法院為我們留下了判決，讓我們有所依循，可以避免這些不幸再度發生。**

　　所以接下來就讓我們開始從《老師沒教的 40 堂醫療必修課》，學習如何增進病人安全、避免醫糾吧！

這本書的主角是大仁醫森，大仁醫森是很有名的醫生，但是運氣卻有點不好，走到哪裡、醫糾就到哪裡，他經常會遇到不同的狀況而被病人告，有時候平安下莊、有時候賠錢了事、有時候甚至必須入獄服刑。

發生在大仁醫森身上的故事，也都可能發生在你我身上。例如：病人要求醫師全身麻醉，如果當下你就是大仁醫森，你會說 yes 還是說 no ？明明已經簽過手術同意書，病人開完刀卻說你沒解釋手術風險，你該怎麼辦？醫院爆發傳染病疫情，你建議院長通報卻被院長拒絕，那又該怎麼辦？

又或者你是一位病人，準備要給大仁醫森開刀，那你要怎麼保障自己權益？大仁醫森做完手術後，你卻出現了併發症，是不是就是他違反醫療常規，應該要把他告到死？

這些情況，大仁醫森都做過選擇，法律也對他的選擇，給予了一個或好或壞的評判結果。如果是你，你的選擇會跟大仁醫森一樣嗎？你的選擇會跟他的病人一樣嗎？

判決跟歷史一樣，不是用讀的，而是用思考的。這本書的40個判決，就是40個真實情境，重點並不是大仁醫森被判賠了多少錢、被關了多少年，而是如果當下換做是你在這個情境之中，你會怎麼做選擇？

所以這本書的每一篇故事都設計了一個選擇題，這些題目並不是要「考試」，而是要讓大家試著做決定，大家可以想想看，如果換成是你在這個情境之中，你會平安下莊，還是會被抓去關呢？

歡迎大家一起來思考看看!

Part 1 簽了是保命符？還是賣身契？怎樣簽才有保障？

你該知道的
同意書基本觀念

單元說明

根據統計，醫療糾紛中醫院判賠最主要的原因，就是「告知說明」不足。雖然法律上的「告知同意」並不見得要白紙黑字才算，其實只要醫師有說明、病人有同意就可以，然而醫療法卻有規定手術或侵入性治療前，一定要有白紙黑字的手術同意書或侵入性檢查同意書才行。

況且上了法庭，法官看的就是證據，因此「手術同意書」是法院判斷醫師有沒有盡到告知說明義務的重要依據，然而為什麼一樣是同意書，有些人簽了有效、有些人簽了卻沒什麼效用？不管是醫師或是病人，上了法院都是猛打手術同意書，但勝負仍然難以預測。

到底手術同意書有什麼特別的秘密？從病人的觀點，是不是簽了手術同意書就像賣身契，任人宰割？從醫師的角度，難道讓病人簽完手術同意書，醫師就有了保命符？不怕病人告？

第一個單元，就讓我們從實際的判決來瞭解手術同意書。手術同意書怎樣是有效的，怎樣卻是無效的？不管您是醫師或病人，又該怎麼利用手術同意書保護自己呢？

這個單元，就讓我們先從老師沒教的「告知說明」與「手術同意書」開始吧！

嗎啡止痛病人卻死亡，
法院怎麼判決？

♥ 案例

Kevin 因為車禍被送到急診，急診醫師大仁醫森檢查之後，發現 Kevin 的左小腿開放性骨折，但除了小腿開放性骨折以外，全身上下倒沒有什麼其他的大問題。

因為骨折讓 Kevin 非常疼痛，大仁醫森必須幫 Kevin 止痛。大仁醫森想到了嗎啡，嗎啡如果用得好，其實是一種效果好、又少有副作用的藥物。

所以大仁醫森決定為 Kevin 施打嗎啡（10mg）止痛，沒想到打了嗎啡之後，Kevin 卻開始噁心、嘔吐。最後 Kevin 竟然因嘔吐而噎嗆，導致呼吸道阻塞不能呼吸，因昏迷而不幸身故。

家屬無法接受這個結果，因此向醫院及醫師提告。

➕ 家屬主張

病患家屬主張：Kevin 在打針止痛後，第一次嘔吐時沒人處理，第二次嚴重嘔吐就昏迷、死亡。

家屬認為，醫護人員沒解釋嗎啡可能的副作用、也沒有說明施打嗎啡後，應該要注意的事項，注射嗎啡是侵入性治療，應該要簽同意書才可以施打。

➕ 醫院主張

打針並不是侵入性治療，並不用事先簽同意書，而且在打針前，都有經過病患同意才施打，醫院並沒有過失。

您認為呢？

這裡先問大家，Kevin 打完針後不幸死亡，您覺得醫院或急診醫師該負責嗎？以下四個選項，請大家先猜猜看：（單選）

（A）急診醫師違反醫療常規，成立業務過失致死罪，而且醫院也必須賠償。

（B）急診醫師沒有違反醫療常規，不成立業務過失致死罪，但醫院必須賠償。

（C）急診醫師違反醫療常規，成立業務過失致死罪，但醫院不用賠償。

（D）急診醫師沒有違反醫療常規，不成立業務過失致死罪，而且醫院也不用賠償。

醫療鑑定怎麼看

　　法院在遇到醫療糾紛的案件時，通常都會先送醫療鑑定，看醫療行為有沒有違反醫療常規。

　　這案子的醫療鑑定是這麼回覆的：

① 醫師符合醫療常規

　　「Kevin 因為疼痛指數已經達到 7 分（最痛為 10 分），醫師醫囑對 Kevin 所使用的嗎啡 10 毫克肌肉注射，符合嗎啡藥物的適應症，且其劑量符合麻醉常規用量。」

② 嗎啡止痛容易有無症狀的沉默性誤咽

　　「嗎啡止痛同時也有止咳效果，等於抑制咳嗽反射，容易呈現無症狀的沉默性誤咽。」

法院判決這麼說

　　在參考了鑑定報告之後，法院的判決這麼認為：

① 醫師沒有違反醫療常規

　　「本案件並沒有積極足夠的證據能證明 Kevin 在急診接受醫師急救時，大仁醫森所做的醫療行為有違反醫療常規、或沒有盡到醫療上注意義務的疏失情形，也無法認定被告大仁醫森有什麼過失的行為，或與 Kevin 死亡的結果有因果關係。」

② 醫院沒詳細說明嗎啡的用藥風險，沒盡注意義務，有過失

　　「醫院為 Kevin 注射嗎啡時，應該讓 Kevin 及陪伴的家屬知道施打嗎啡可能有嘔吐的副作用，並且讓他們知道嗎啡有止咳、抑制咳嗽反射的可能，但卻沒有特別留意。當嗎啡產生嘔吐副作

用時，容易有無症狀的沉默性誤咽的風險，而因為病人剛用完餐，胃內容物甚多，更加深嘔吐的可能，因此可以認為被告醫院沒有盡到將嗎啡用藥風險詳細說明的義務。」

因此最後判決的結果，法院認為醫院沒有盡到告知藥物風險的責任，必須賠償 Kevin 家屬 170 萬元。

這題答案是（B）

急診醫師沒有違反醫療常規，不成立業務過失致死罪，但醫院必須賠償

參考判決：臺灣臺北地方法院 103 年度醫字第 14 號判決

Dr. 大仁哥碎碎唸

第一個故事，主要是要讓大家先建立基本觀念：

法律上，業務過失罪是刑法的概念、賠償則是民法的概念，民法跟刑法兩者的觀念跟判斷標準，都是不一樣的。

學習醫療法律首先要先知道民法跟刑法的不同，為什麼刑事無罪，民事卻要賠償？

刑法主要的目的是「處罰犯錯」，做錯事才會被處罰。而這個「錯」在醫療上指的就是「違反醫療常規」，也就是說，如果違反醫療常規，刑法上才有可能會被認為有過失，如果沒有違反醫療常規，刑法就不會成立過失的罪責。

民法的意義則是在「賠償損害」，有人受了損害，就可能有人必須賠償。「損害」的範圍很廣，身體、生命受到侵害是損害，自主權、人格權受到侵害也是損害。以醫療行為而言，**如果醫師違反醫療常規讓病人受到損害，那當然也是要賠償，而若醫師沒有解釋清楚手術、治療、或藥物的副作用及風險，那仍可能侵犯到病人的醫療自主權，萬一因此而讓病人受到損害，就算醫師的手術、用藥沒有違反醫療常規，也可能要賠償。**

	目的	醫療情境	案例
刑法	處罰犯錯	違反醫療常規	● 打嗎啡止痛沒有違反醫療常規
民法	賠償損害	身體、生命、自主權、人格權等受到損害	● 未告知打針風險 ● 侵犯病人醫療自主權

以這個案例來說，急診醫師打嗎啡止痛，在醫療上並沒有違反醫療常規，所以刑法上不成立過失致死罪。

然而在打嗎啡止痛前，卻沒告知病人打嗎啡可能的副作用及風險，讓病人可以選擇是否願意接受打針的風險，侵犯病人醫療自主權，最後導致的不幸結果。民法上，醫師或醫院就必須要負起損害賠償的責任。

重點小提醒 ～△△△～

所以再幫大家複習一下：刑法是處罰犯錯，民法是賠償損害，兩邊的意義跟判斷標準不一樣。下次看到醫療糾紛時，一定要把民法跟刑法切割開來思考，分別處理，才知道為什麼總是刑事無罪、民事卻要賠錢哦！

從案例
學醫療知識

沉默性誤咽

「誤咽」的白話文就是「嗆到」。因此**「沉默性誤咽（Silent aspiration）」**的意思其實就是**「沒有症狀的嗆到」**。一般人在不小心嗆到時，通常會刺激到咽喉，而有咳嗽的反射動作，以保護呼吸道。

那為什麼會有「沉默性誤咽」的情形呢？通常是發生在中風的病人，因為神經感受及肌肉反射皆較不靈敏，病人嗆到了，自己卻不知道，也沒有誘發出咳嗽反射，這種情形一旦發生，輕則導致吸入性肺炎，重則呼吸道阻塞而有危險。

故事裡的 Kevin 雖然不是中風，然而因為打了嗎啡的關係，咳嗽反射被抑制了，因此也產生「沉默性誤咽」的情形，最後導致了窒息的不幸結果。

吸入性肺炎發生過程

進食

食道

氣管

1 食物或飲料誤入氣管

2 不小心吸入的東西進入肺部

3 引起發炎

心導管手術沒解釋就簽手術同意書？同意書有效嗎？

✅ 案例

中年婦人 Amy 因為心臟疾病，找大仁醫森做詳細的心導管檢查。

Amy 住院後，護理師拿手術同意書給 Amy 的家屬簽署，簽完手術同意書後，隔天 Amy 就接受了大仁醫森安排的心導管手術。

手術過程順利，但沒想到做完心導管才沒幾天，Amy 竟然發生下肢動脈栓塞，甚至還合併心肌梗塞，最後不幸身亡。

「人好好地進來做檢查，結果人卻死了？」Amy 的家屬無法接受這個結果，因此向法院提告。

✚ 家屬主張

Amy 沒有接受過高等教育，根本就不清楚手術有什麼危險性，因此控告醫師有醫療過失。而且「手術同意書是護士拿給我們簽的，大仁醫森根本沒有告訴我們心導管的風險。」

✚ 醫師主張

病人跟家屬都已經簽過同意書了，而且同意書都有寫手術風險，醫院沒有疏失。

您認為呢？

您覺得手術同意書如果只是讓病人簽名，而沒有解釋內容，會有效嗎？（單選）

（A）同意書白紙黑字，簽了就有效。

（B）醫師如果沒解釋，同意書就沒效。

🔍 法院判決這麼說

法院的判決是這樣認為：

① 醫師應該要盡到說明義務，才能保障病人的身體自主權

「醫師在進行醫療行為時，應該要詳細對病人本人或其親屬盡到相當的說明義務，並經過病人或家屬同意後才可以，用來保障病人的身體自主權。」

② 病人如果有拒絕醫療的可能時，醫院就必須有說明的義務

「醫師應盡到的說明義務，除了太過專業或細部的療法外，至少應該包含：

1. 診斷的病名、病況、預後以及不接受治療的後果。
2. 建議治療方案，以及其他可能的替代治療方案及其利弊。
3. 治療風險、常發生的併發症及副作用，以及雖然不常發生，但卻可能發生嚴重後果的風險。
4. 治療的成功率或死亡率。
5. 醫院的設備及醫師的專業能力。

而且在一般情形下，如果曾經說明，病人就有拒絕醫療的可能時，那就有說明的義務。」

③ 告知說明以實質說明為必要，如果只是貿然簽名，不能認為已經盡到說明的義務

「說明的義務，以實質上有給予說明為必要，若只是叫病人或其家屬在印有說明事項的同意書上，貿然簽名，並不能認為已經盡到說明的義務。」

所以最後法院判決的結果，認為醫院沒有盡到告知說明的義務，這份手術同意書的效力是有問題的。

重點小提醒 ～〜〜〜

同意書絕對不是簽一簽就可以算數，醫院方面一定要仔細解釋過內容及風險，同意書才會有效哦！

這題答案是（Ｂ）

醫師如果沒解釋，同意書就沒效

參考判決：最高法院 94 年台上字第 2676 號判決

Dr. 大仁哥碎碎唸

　　這個案例已經是很久很久以前的事了（事實上，是民國 85 年發生的事，這判決則是在民國 94 年，事發距今都已經 25 年了）。為什麼這裡要介紹前一個世紀發生的案例呢？

　　這是因為這個判決「**最高法院 94 年台上字 2676 號判決**」是醫**療糾紛裡的經典判決。這個判決雖然是刑事判決，但卻建立了之後民事判決中「告知同意」的基礎，之後只要是主打「告知說明」的醫療糾紛，幾乎全部都會引用判決裡的這些內容。**

　　手術同意書要怎樣才有效？若只是讓病人簽名而未解釋內容，會有效嗎？

　　法院說：告知說明以實質說明為必要，如果只是貿然簽名，不能認為已經有盡到說明的義務。至於醫師又該說明什麼內容？法院則是列了五點，**裡面最重要的是「替代方案」及「可能嚴重後果的風險」，而且只要「嚴重後果」的風險會讓病人就有拒絕醫療之「可能」時，那就有說明之義務。**

醫師應盡的說明義務

病名病況
後果風險

治療方式
替代方案

可能副作用
及風險

治療成功率
及死亡率

醫院設備
醫師專業

有拒絕可能
就要說明

從案例
學醫療知識

心肌梗塞與心導管手術

心肌梗塞及心臟疾病，長期以來都占據我國十大死因第二名（第一名是癌症）。心肌梗塞是因為心臟的冠狀動脈發生急性血栓而阻塞不通，導致心臟肌肉細胞缺血壞死，治療方式則是用心導管疏通血栓。

心導管手術雖然以名稱來說也是手術的一種，但跟傳統開胸剖腹的手術並不同，心導管手術是由手腕或鼠蹊部打針，再由針筒送入導管，導管從血管延伸到心臟，再進一步檢查心臟冠狀動脈的阻塞情形，並視情況放置支架，讓冠狀動脈能夠維持暢通。

心肌梗塞的好發危險因子是抽菸、糖尿病、高血壓、高血脂、肥胖，症狀則是胸悶、胸痛、有壓迫感，有時候胸痛甚至會延伸到下巴或左肩、左臂，因此如果有這些症狀，一定要儘快就醫。

當然，心導管總是有風險及可能併發症，但心導管及支架卻是治療心肌梗塞最安全有效的方式，如果不做心導管死亡率反而會更高，醫院裡常發生急性心肌梗塞的病人，只聽到心導管的風險就不敢做，結果沒幾分鐘後病人就猝死了！因此該做時還是得做哦！

冠狀動脈狹窄的治療方式

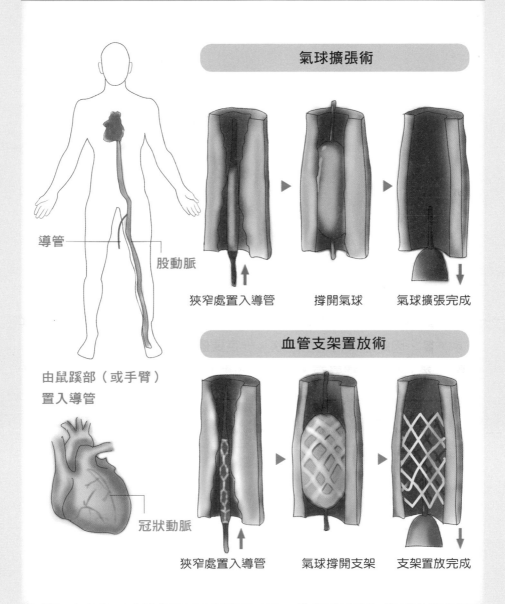

導管

股動脈

由鼠蹊部（或手臂）
置入導管

冠狀動脈

氣球擴張術

狹窄處置入導管　　撐開氣球　　氣球擴張完成

血管支架置放術

狹窄處置入導管　　氣球撐開支架　　支架置放完成

腰椎術後併發馬尾症候群，醫師沒解釋風險，要賠償嗎？

案例

Rose 因為右小腿麻木、背痛及間歇性跛行症狀，向脊椎名醫大仁醫森求診。

大仁醫森診療後認為 Rose 是因為退化性椎間滑脫合併腰椎狹窄，建議用內視鏡微創手術開刀。大仁醫森說現在微創手術很進步，跟以往的傳統手術不一樣，微創手術大約 1.5 小時就可以開完，術後復原也快很多。

Rose 聽完大仁醫森的說明，簽完手術同意書後，就入院接受手術。可是 Rose 萬萬沒想到，開刀竟然開了 8 個小時，而且回到病房後，當天晚上就發現自己大小便失禁、臀部及陰部都毫無知覺，而且左腳自臀部一直麻木到腳趾、還合併刺痛感。

過了幾天，Rose 的症狀仍然沒有緩解，因此大仁醫森決定再次手術，用傳統方式打開脊椎一探究竟，後來才知道原來 Rose 併發了馬尾症候群。

檢察官介入調查，認為大仁醫森並沒有違反醫療常規，刑事方面並沒有將大仁醫森起訴。

於是Rose決定再向民事法院提告，要求大仁醫森要賠償600萬元。

➕ 病人主張

大仁醫森從來沒解釋過手術會有下肢異常無力、大小便失禁、臀部、陰部無知覺等等，併發馬尾症候群的可能，而且手術同意書也沒有提到這些風險。

➕ 醫師主張

「馬尾症候群是一種極為罕見的併發症，一般大大小小的醫院都沒有把馬尾症候群列入手術風險的說明內容，所以我才沒有說明這風險，這麼低的機率都要講？那講不完啊！」大仁醫森手裡拿著各醫院的手術同意書，無奈地跟法官解釋。

您認為呢？

如果你是大仁醫森，對於這個各醫院手術同意書裡都沒列出來的罕見併發症，是否會特別說明呢？（單選）

（A）這些機率太低的併發症，根本解釋不完，所以可以不用說明。

（B）雖然機率很低，但馬尾症候群是嚴重的併發症，醫師仍然必須說明有此風險。

醫療鑑定怎麼看

首先，法院送醫療鑑定，先看看醫師的手術有沒有違反醫療常規，鑑定報告認為：依照目前之醫療技術，仍無法完全避免馬尾症候群發生。

「不論是傳統手術或微創手術，都有可能引起馬尾症候群的併發症。根據文獻記載，脊椎椎間盤手術發生馬尾症候群的機會是 0.2 至 1%。即使依照目前的醫療技術，仍然無法完全避免馬尾症候群的發生。」

法院判決這麼說

法院綜合鑑定報告與病歷記載，得出了幾點結論：

① 馬尾症候群並不算是罕見的併發症

「微創手術發生馬尾症候群併發症的機率，比起傳統脊椎椎間盤手術的 0.2 － 1% 更低，但是，馬尾症候群是醫學上已經知道的併發症，而現在的醫療技術也無法完全避免它發生，所以並不能認為微創手術導致馬尾症候群，是屬於罕見的併發症。」

② 醫師不能認為藥物治療無效，就認為微創手術有迫切性，而不告知手術風險

「馬尾症候群對於病人 Rose 身體功能的障礙、日常生活以及工作的影響，明顯比 Rose 所罹患的脊椎疾病嚴重，Rose 是否有為了醫治她罹患的脊椎疾病，甘願冒著發生馬尾症候群風險的

急迫性、必要性，是有疑問的。」

「大仁醫森不能只憑 Rose 在門診時主訴『右小腿麻木，背部輕微疼痛，大約行走 100 公尺後，有間歇性跛行』等的症狀，且經過藥物治療無效，就認為 Rose 有進行微創手術的必要性與迫切性，而不用告知手術風險。」

③ **大仁醫森手術前沒有實際告知馬尾症候群的危險性，無法認為已經盡到醫師的說明義務**

「大仁醫森既然在手術前，沒有實際告知 Rose 關於微創手術可能引起馬尾症候群的危險性，就算大仁醫森已經依照醫院手術同意書上記載的事項告知病人，或其他醫院的脊椎手術說明書也沒有將馬尾症候群併發症列為手術風險的解釋，都無法認為大仁醫森在施行這件微創手術前，有盡到說明義務。」

最後的判決結果，法院認為醫師沒有盡到說明的義務，判決大仁醫森及醫院應連帶賠償 Rose 精神損害 200 萬元。

這題答案是（B）

雖然機率很低，但馬尾症候群是嚴重的併發症，醫師仍然必須說明有此風險

參考判決：臺灣高等法院 98 年度醫上字第 32 號判決

這一個案例也是 10 年前的案例了，當時脊椎手術的手術同意書不見得有把馬尾症候群的風險性列出來，而既然手術同意書上沒寫，醫師自己也承認因為機率太低，因此沒有說明馬尾症候群的風險，法院當然也就會認定醫師沒有盡到說明義務了。

還記得我們前面說過，刑事部分是看醫療過程有沒有違反醫療常規，但民事部分，則還會看醫師有沒有盡到告知說明的義務。

判決書裡有提到，如果是機率罕見、又不是嚴重的併發症時，並不能無限上綱、強求醫師盡到說明義務，但是**馬尾症候群的機率並不算罕見**，這個併發症跟病人原來的病況相比，反而更嚴重、影響更大。

既然**此手術並非緊急手術，那發生併發症的弊大於不開刀的利，仍然必須事先說明有此風險才行。**

腰椎術後卻引發馬尾症候群？醫師的法律責任是？

腰椎術後併發馬尾症候群

刑事責任？ → 手術沒有違反醫療常規 刑事無罪

民事責任？ → 未事先說明馬尾症候群之可能性，必須賠償

 重點小提醒

如果這個併發症是嚴重、對病人影響甚大的，那就算發生機率很低，醫師仍然必須事先解釋才行！

從案例
學醫療知識

馬尾症候群

　　脊髓的最末端因為是束狀的神經根，形狀像一束馬尾，因此稱為**馬尾神經叢**，馬尾神經叢如果受到壓迫，則可能產生膀胱、會陰及腿部的神經功能受損，產生大小便失禁、陰部麻木、腿部無力等情形。

　　馬尾症候群一般是因為馬尾神經叢受到壓迫，通常是腰椎退化、狹窄、椎間盤嚴重破裂、或者脊椎感染、外傷等原因而引起。脊椎手術也是可能引發馬尾症候群的原因之一，雖然脊椎手術導致馬尾症候群的機率只有 0.2-1%，也就是 1000 個病人會出現 2 至 10 個，但一旦出現馬尾症候群將導致更不便的生活，對病人的影響更重大，因此在**接受脊椎手術前，一定要仔細評估風險及優缺點利益衡量，而且醫師也必須加以解釋這些可能風險才行哦！**

關於馬尾症候群

馬尾

椎間盤突出
壓迫馬尾

膀胱

病人簽完手術同意書，術後卻說醫師沒解釋手術風險？

💚 案例

自從那天小櫻騎車摔傷後，手腕就一直疼痛，看了幾次醫生都沒好，後來小櫻決定到大醫院的骨科找大仁醫森看診，大仁醫森安排電腦斷層掃描後，發現小櫻其實是「右側遠端橈尺骨關節半脫位」，大仁醫森安排小櫻 2 日後入院開刀。

小櫻住院並簽署手術同意書及麻醉同意書後，隔天接受韌帶重建手術。

手術後小櫻按照醫囑進行復健療程，但三個月過去了，小櫻的手腕仍無法自由轉動，而且一直還會隱隱作痛。小櫻覺得大仁醫森沒有將她的手腕治療好，於是向法院提告。

「我要求醫院賠償我 4 年無法工作的薪水、還有到退休共 38 年的工作半薪、看護費用及精神賠償，共 800 萬。」小櫻憤憤不平地表示。

➕ 病人主張

「醫師及護士都沒有向我說明手術的方式及手術的風險，就讓我簽手術同意書，而且醫師本來說 2 個月會好，但現在開完刀都 3 個月了，手還仍然疼痛，我記得那天回診時，大仁醫森甚至還說：『手術沒有綁緊。』因此醫師不僅有醫療過失、而且還沒有盡到告知說明的責任。」

➕ 醫師主張

「我不僅口頭上有跟小櫻解釋過手術風險，小櫻也都簽署手術同意書了，而且我也跟她解釋過必須持續復健才行啊！」

您認為呢？

如果您是法官，您會怎麼裁決？（單選）

（A）照單全收，判醫院賠 800 萬。
（B）判決醫院要精神賠償。
（C）病人敗訴，醫院不用賠。

🔍 法院判決這麼說

這個案子，法院經過調查後認為：

① 並沒有證據可以證明醫師曾說術後 2 個月會好，也無法認定醫師的療程有違反醫療常規的情形。

「從病歷資料顯示，並沒有證據證明大仁醫森在小櫻第一次門診時，有跟小櫻說過右手的病況在手術後兩個月會好的情形。」

「就算小櫻主張她手術後，無法解除疼痛或增進手部功能，反而讓病情加劇沒有達到手術效果，但手術效果並不是醫師保證實施手術的必然結果，而且跟後續復健、癒合或活動情形都有關係，不能因為沒有達到手術效果，就認為大仁醫森對於手術方式的選擇及實施過程，有違反醫療常規的地方。」

② 病人已經在手術同意書簽名，而且同意書文字並非艱澀難懂

「小櫻在手術同意書背面『立同意書人』欄也有簽名，依照她『病人聲明欄』第 7 點的記錄：『我瞭解這個手術可能是目前最適當的選擇，但是這個手術無法保證一定能改善病情。』等內容，以及小櫻所簽署之骨科手術說明書也說明『此手術之風險、不確定性及替代方案』，都可以證明醫師及醫院已經藉同意書的書面記載，告知病人手術相關的處置及手術的目的、風險以及醫療成效的局限性。依照同意書上使用的文字以及文義的難易度，並沒有艱澀難懂的地方。」

③ 病人具有相當的學識經驗，可見已經過審慎評估

「告知義務並不是要求醫師一定要逐一告知細節，大仁醫森既然已經藉由書面的同意書，將手術風險、後遺症告知病人，再加上病人小櫻是國立大學畢業，並且曾經在銀行擔任行員，雖然不是醫療專業人員，但仍然具有相當的學識經驗，而且病人小櫻是經三位醫師看診後，才到大仁醫森門診進行診察並住院接受手術，由此可見病人對於是否接受手術，已經經過審慎的評估考量。」

④ 從同意書與護理記錄，可以知道醫師與醫院已經盡到告知說明義務

「從手術同意書、骨科一般手術說明書內容看來，並沒有繁雜艱澀的醫學專有名詞堆疊敘述，病人小櫻的學識經歷應該可以理解，再加上護理記錄記載的內容，都可以證明醫師及醫院已經盡到告知說明的義務。」

最後法院判決認為：醫師手術並沒有違反醫療常規，刑事部分沒有起訴。民事部分醫師也已盡到告知義務，醫院不用賠償。

這題答案是（C）

病人敗訴，醫院不用賠

參考判決：臺灣高等法院臺中分院 107 年醫上字第 11 號判決

Dr.大仁哥碎碎唸

同意書並不是簽了就一定有效，法院還會調查醫師是不是真的有解釋說明，如果醫師都沒解釋，就算醫療行為本身符合醫療常規，仍然有可能會以侵犯醫療自主權而被判精神賠償。

這個案件法院調查後，**證人護理師、病歷、以及護理記錄皆顯示醫師的確有解釋說明**，病人也勾選了同意書上「我瞭解這個手術可能是目前最適當的選擇，但是這個手術無法保證一定能改善病

情。」法院**因此認為醫師已經有解釋過手術風險**。

再加上「小櫻是國立大學畢業，並且曾經在銀行擔任行員，雖然不是醫療專業人員，但仍然具有相當的學識經驗」、「從手術同意書、骨科手術說明書內容看來，並不是以繁雜艱澀的醫學專有名詞堆疊敘述」，因此法院認為小櫻已確實瞭解手術內容，判決小櫻敗訴。

簽完同意書，又說醫師沒解釋？

醫師沒有違反
醫療常規

病人同意書
已經簽名

病人有學識經驗
應有適當評估

重點小提醒 ⌇⌇⌇

術前醫師如果確實有做好風險說明，是不用擔心事後病人反悔提告的。

另一方面，如果醫師已解釋、病人也簽完同意書，開完刀後病人如果還主張醫師沒解釋，那病人端則必須提出更積極的證據證明「醫師沒有解釋」才行。

法院並不會將病人的主張全部照單全收，仍然是會仔細調查醫師是不是有盡到告知義務及風險說明的哦！

從案例
學醫療知識

遠端橈尺骨關節半脫位

　　人的前臂骨頭是由橈骨及尺骨構成，而遠端橈尺骨關節，就是在手腕處橈尺骨相會處，功能是協助手腕轉動。

　　當橈尺關節的韌帶因為退化或外傷造成鬆弛、受損或斷裂時，手腕關節的穩定度就會受到影響、甚至讓關節脫位，而會有無力、疼痛等症狀。

　　治療則是藥物、復健、或開刀用韌帶重建手術治療。

手腕關節半脫位治療方式

 石膏保護　　藥物使用　　復健療程　　手術治療

脊椎術後發生併發症，卻認為醫師沒解釋風險？

✅ 案例

小陳前一陣子多次跌倒後常下背痛，已經多次到醫院的骨科、復健科、神經科看診，醫師建議穿著背架保護、支持脊椎，用以舒緩疼痛，但小陳穿了背架一個月，磁振造影仍然發現胸椎的壓迫性骨折已經壓迫到脊椎神經。

這次回診時，骨科大仁醫森表示，既然保守治療已經無法解決問題，建議應該要開刀治療。小陳回去思考一週後，願意接受開刀，所以大仁醫森就安排小陳住院，準備動刀。

住院後，小陳的老婆幫小陳簽妥了手術同意書，並在住院 2 天後，接受大仁醫森的手術。

然而小陳開完刀後，竟然發現雙腳喪失了感覺，左腳只剩一點點知覺。手術後半年的這段時間，甚至還有院內感染、敗血症、骨

髓炎、舞蹈症等情形，讓他反覆地在醫院渡過。大仁醫森卻仍堅稱他沒有醫療過失，不願意賠償。

後來醫療鑑定認為大仁醫森的醫療處理並沒有違反醫療常規。小陳雖然不滿，但也無可奈何。

但這次小陳認為老天也在幫他，因為他看到一篇文章，說醫師必須盡實質告知義務，同意書才算有效。

因此小陳決定改走民事訴訟，主張大仁醫森沒有盡到實質告知義務，要求醫院賠償 700 萬。

➕ 病人主張

醫師手術前並沒有盡到實質的告知義務，也沒有告知手術以外的其他替代治療方案，要求醫院賠償住院費用、看護費用、及精神賠償等等。

➕ 醫師主張

門診過程中已經跟小陳解釋過風險，小陳也思考了一週才決定接受手術，住院後小陳的家屬都簽過手術同意書，所以應該清楚手術風險了啊！

如果您是法官，您會怎麼裁決？（單選）

（A）照單全收，大仁醫森及醫院必須要賠 700 萬。

（B）法院只會判賠精神賠償數十萬。

（C）病人小陳敗訴、醫院不用賠。

法院判決這麼說

法院的判決是這樣的：

① 小陳已經過多次門診治療，可以認定醫師已經盡到說明義務

「小陳因為跌倒導致第 12 節胸椎壓迫性骨折，手術前已經多次到大仁醫森門診就診，若要判斷醫師有沒有盡到告知說明的義務，應該不能只以簽手術同意書的手術前一刻所作的說明為限，在這之前小陳因為相同病因求診的過程中，醫師向小陳說明並告知病情、建議治療方案、替代治療方案，及各種風險等內容，都應該包含在內。」

「小陳從 9 月到 11 月到大仁醫森門診就診，應可以認定大仁醫森有向小陳說明病名、病況，而且大仁醫森先前也已經選擇非外科手術的背架保護方式為小陳治療，之後小陳返診時說「病痛並沒有因此改善，而且還逐漸嚴重」，經過進一步檢查之後，顯示小陳第 12 節胸椎壓迫性骨折合併椎管壓迫等症狀，因此大仁醫森建議小陳接受手術，而之後小陳也才經大仁醫森安排，入

院接受手術治療，由此可見，小陳在確診病情到安排手術的這段期間，有相當的時間可以讓他考慮是否進行手術治療。」

② 同意書都有記載風險及併發症，而且小陳已經簽名表示充分瞭解

「從骨科脊椎手術同意書看來，第 1 頁已經明確記載：『疾病名稱：胸椎第 12 節壓迫性骨折；建議手術名稱：骨科脊椎手術、減壓、融合、內固定及截骨矯正；建議手術原因：改善疼痛。』病人聲明欄也記載『醫師已向我解釋，並且我已經瞭解施行這個手術的必要性、步驟、風險、成功率之相關資訊；醫師已經向我解釋，並且我已經瞭解選擇其他治療方式之風險；醫師已向我解釋，並且我已經瞭解手術可能預後情況和不進行手術的風險。針對我的情況、手術之進行、治療方式等，我能夠向醫師提出問題和疑慮，並已獲得說明……』，陳太太也在同意書簽名同意。另外陳太太在同一天也簽立另一份骨科脊椎手術說明，說明書更詳細記載手術及醫療處置的方法、手術效益、手術風險（傷口感染或血腫、傷口癒合不良、神經索或神經根損傷，神經傷害雖然機會不大，但仍有肢體癱瘓之虞……）、替代方案（保守性治療如復健治療，藥物治療）等內容，陳太太看完後簽名，表示對醫師的說明都已經充分瞭解。」

③ 醫師已經詳細說明手術風險，並沒有侵害小陳的醫療自主決定權

「本件可認為大仁醫森應該有將小陳手術的手術內容、必要性、進行方式、治療風險、常見併發症、替代方案等詳細確實告知小陳及陳太太，可認定醫師沒有侵害小陳的自主決定權。」

法院最後的判決結果是病人敗訴，大仁醫森及醫院並不需要賠償。

這題答案是（C）

病人敗訴，醫院不用賠

參考判決：臺灣臺北地方法院民事判決 104 年度醫字第 34 號判決

Dr. 大仁哥碎碎唸

這則個案中，法官認為既然病人已經看門診多次，期間也經歷背架等保守性治療，並不是看診一次，醫師就馬上要開刀，所以這麼長的時間以來，病人既然已經嘗試過「替代治療方案」（如藥物、背架）無效後，醫師才建議手術，因此法官認為，醫師已經盡到告知義務及替代治療方案的說明，而判病人敗訴。

重點小提醒 ⎍⎍⎍⎍

老話一句，手術同意書真的很重要！對病人來說，簽同意書前應該要仔細瞭解內容；對醫師來說，則是有已經告知說明的保護作用。另外，多次門診記錄及已經嘗試過保守治療時，法官是會認可醫師已盡說明義務的。

從案例
學醫療知識

壓迫性骨折

　　脊椎「壓迫性骨折」，白話文的意思就是「脊椎被壓扁了」。這種情形常發生在骨質疏鬆或外傷的病人，因為脊椎被壓扁了，脊神經就會受到壓迫，因此病人容易有背痛的症狀。

　　後續的治療**通常是以保守治療為優先，例如藥物、休息、或背架保護**，但如果這些保守治療效果不好時，則可能要與醫師討論是否需要進一步開刀處理。

　　不開刀無法解決疼痛，但開刀總是有風險，所以一定要清楚瞭解後為自己做決定哦！

脊椎「壓迫性骨折」就是「脊椎被壓扁了」

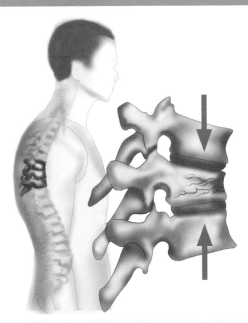

腦瘤術後卻失明？
醫師沒解釋風險要賠償？

💚 案例

66 歲的阿麗塔因為視力日漸模糊，到眼科診所求診。然而眼科醫師發現阿麗塔的視力模糊，竟然是因為腦瘤壓迫視神經而引起，因此將阿麗塔轉介到醫學中心給腦神經外科名醫大仁醫森，進行後續處理。

「腦瘤手術可能會有生命危險，其他的風險還包括了：出血、傷口感染、神經損傷、且視力也有可能損傷、不會恢復。」大仁醫森對阿麗塔這麼說。

阿麗塔將手術同意書拿在手上，看著上面寫著：「手術併發症可能有：出血、感染、意識不清、肢體無力、癲癇、呼吸衰竭、麻醉相關風險等，嚴重時可能性命攸關。」阿麗塔雖然內心擔憂，但仍選擇接受手術。

當天手術結束後，大仁醫森跟家屬解釋手術過程一切順利，讓家屬揪著好幾天的心，終於可以放鬆下來。

萬萬沒想到，術後阿麗塔竟然失去視力、雙眼失明。家屬及阿麗塔無法接受這個結果，認為大仁醫森並沒有解釋手術會有失明的可能，因此阿麗塔決定告上法院，並要求近 500 萬元的賠償。

➕ 家屬主張

大仁醫森沒有說手術會有失明的風險，怎麼開完刀卻失明了？

➕ 醫師主張

早就有跟病人解釋過腦部手術會有死亡的可能性，而且也有可能造成神經損傷、視力損傷、影響視力，視力也不見得能復原，怎麼可以說沒有解釋風險呢？

您認為呢？

這次要問大家 3 個問題，記得先想想看，再看答案哦。

（1）大仁醫森說：「手術可能會有生命危險。」這樣有沒有涵蓋了失明的風險？

（2）大仁醫森說：「可能會造成神經損傷、視力損傷。」「視力損傷」有沒有涵蓋了「失明」的風險？

（3）如果腦瘤沒開刀也會失明、開了刀一樣失明，大仁醫森要不要負賠償責任？

法院判決這麼說

法院認為：

① 如果死亡就可以包括其他所有風險，那醫師在進行任何手術時，不就都只要告知死亡風險即可？

「醫療機構或醫師的告知義務，必須就手術的危險、替代方案及其利弊作分析、講解，而且必須使病患或其家屬因為「告訴、說理」，而「知悉、明白」即將進行的手術所帶來的風險、有無替代方案及各方案的利弊。而任何手術可能發生的最嚴重危險就是死亡，如果可以用死亡危險涵蓋其他的個別具體危險，那就承認醫療機構或醫師只需要告知死亡危險就行，這樣即違背了告知說明義務所希望達成的目的。」

② 視力變差、視神經受損，跟「失明」並不一樣

「所謂的視力變差、視神經受損、視力可能不會恢復等，畢竟跟失明不一樣，一般客觀理性的人，並不能從視力變差、視神經受損、視力可能不會恢復等，而預見到失明的危險性。因此只告訴病患死亡或視力變差、視神經受損、視力可能不會恢復等等，並無法使病患『知悉、明白』手術可能產生的具體失明危險，而做出理性的決定。」

③ 手術既然有失明等嚴重後果的可能性，醫師就應該明確告知及詳細說明

「阿麗塔既然因為視力下降問題就診，明顯可以知道她就診及接受手術的目的在於恢復視力，而進行開顱手術既然有可能會

產生『失明』的嚴重併發症，那麼『失明』的危險或併發症，已經明顯可以影響阿麗塔決定是否進行手術，被告大仁醫森自然就負有在手術前，對阿麗塔或家屬明確告知及詳細說明手術可能產生的失明危險，讓他們在充分資訊下，做出理性的決定。」

法院認為「失明」是嚴重的可能風險，但大仁醫森卻沒解釋，因此最後判決這麼說：「依照鑑定意見，阿麗塔腦部腫瘤已經達到視力惡化而有全盲失明的可能，若不採行手術方式，則病人視力惡化至全盲（失明）期間，平均約 3.9 個月。因此大仁醫森應該負擔 3.9 個月看護費用 8 萬元、以及精神賠償 10 萬元，共 18 萬元。」

這題答案如下：

（1）大仁醫森說：可能會有生命危險。是否就可以涵蓋失明的風險？

答：生命危險不能涵蓋失明風險

（2）大仁醫森說：可能會造成神經損傷、視力損傷。「視力損傷」是否就可以涵蓋失明的風險？

答：視力損傷不等同、也不能涵蓋失明風險

（3）如果腦瘤沒開刀也會失明、開了刀一樣失明，大仁醫森要不要負賠償責任？

答：醫師未告知手術風險，要負賠償責任，但只要負責開或不開的時間差距（3.9 個月）影響範圍內的賠償責任

參考判決：臺灣高等法院臺南分院 103 年度上字第 5 號判決

Dr. 大仁哥碎碎唸

　　前面談過，同意書必須要實質的告知、而且病人要瞭解了才算有效。這個案例中，一來**醫師說「視力可能損傷」，法院認為這與「失明」不同；二來同意書上面也沒有記載有失明的可能。在法律層面上，醫師就被認定沒有盡到告知義務。**

　　可能有些醫師會氣憤不平，因為從醫療的角度來說，明明「腦瘤已經壓迫視神經，不開刀也是會失明」，那為什麼開刀後一樣失明，醫師卻要賠？

　　這案子原本一審時，法院認為醫師沒有盡告知責任，要賠 300 多萬，但二審法院依據鑑定報告「如果沒開刀，病人平均 3.9 個月後也會失明」，但因為醫師沒告知失明風險，讓病人接受開刀的選擇，而使病人「提早」了 3.9 個月失明，因此醫師「只要」賠 3.9 個月的看護費用及精神賠償，共 18 萬。

	判賠理由	判賠金額
一審法院	醫師沒告知失明風險	300 多萬
二審法院	醫師雖沒告知失明風險，但不開刀的話，平均 3.9 個月後，仍然會失明	3.9 個月的看護費用及精神損失，共 18 萬

重點小提醒 ⎓⋀⋀⋀

手術後若發生了沒有事先解釋、同意書上也沒有提到的併發症，那醫師可能就會被認定沒有盡到告知義務，而要負賠償責任，因此一定要詳細跟病人解釋可能風險哦！

從案例
學醫療知識

腦腫瘤壓迫視神經
會引起失明？

　　視野的影像在視網膜成像後，會經由雙眼的視神經在進入顱部，
並先匯集在「視交叉」後，再傳導到大腦枕部的視覺皮質區「判讀」。

　　這條傳導路徑如果有了「狀況」，例如中風、受傷、腫瘤壓迫，
就會影響最後的成像結果。而影響到路徑上的不同位置，也會有不同
的視野影響範圍，眼科醫師與神經科醫師則會依據病人的視野呈現，
推導出病人是路徑的哪個部分損傷，非常厲害！

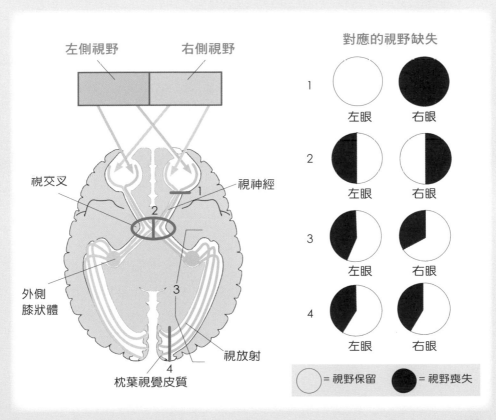

70 歲老先生簽的手術同意書有效嗎？

 案例

大仁醫森是一位神經外科醫師，這次是他的病人，70 歲的老李出狀況了。

老李因為下背痛、並延伸到左腿及腳底多年，最近因為情況更加惡化，於是來向大仁醫森求診。大仁醫森判斷是第 4、第 5 腰椎關節退化，故當天即辦理住院，隔天安排脊椎手術治療。

「手術後還不錯，但奇怪的是我最近常容易跌倒。」兩週後回診時，老李這樣跟大仁醫森說。

大仁醫森於是安排了磁振造影檢查，檢查後卻發現手術部位有血腫情況發生。

「看樣子，必須再住院安排血腫清除手術了。」大仁醫森跟老李

討論完後，老李再次住院接受手術。

手術後，老李可以下床走動，症狀也有改善，因此大仁醫森讓老李出院以及門診追蹤。

沒想到，接下來這半年，老李卻仍感覺下背疼痛不適，再度安排磁振造影後，發現是第3節腰椎狹窄，導致神經壓迫。

由於已經給大仁醫森開兩次刀，老李不願意再給大仁醫森處理，最後經過院方協調，改由院內另一名神經外科醫師動刀，但老李已決定向法院提告。

➕ 病人主張

「醫師並沒有跟我解釋手術風險就擅自開刀。」老李這樣跟法官說。「而且也沒有給我充份的時間思考決定。」

➕ 醫師主張

「我都有詳細解釋、說明手術風險，而且也有分析各種手術方式之好處、壞處及風險，老李當時因為疼痛難耐，自己要求當天立即辦理住院，並準備接受手術，而且老李也都簽了手術同意書了啊！」大仁醫森拿著老李親筆簽名的手術、麻醉同意書給法官。

如果您是法官，看到同意書都有老李的親筆簽名，您認為同意書有效嗎？醫師有沒有盡到告知責任呢？（單選）

（A）70 歲老先生可能不懂同意書內涵，法院應該會認為醫師沒解釋清楚。

（B）70 歲老先生人生閱歷豐富，應該瞭解同意書的內容，法院應該會認為醫師已經解釋手術風險。

法院判決這麼說

這個案例的判決書是這麼說的：

① 醫師已經有說明手術風險

「醫師為病患實施 2 次手術，術前都有說明預計實施的手術分別是腰椎、薦椎狹窄，且也有說明手術原因、步驟、範圍、手術風險，並表示手術可能感染、出血、傷及神經、血管等情形，並且由病患簽立手術同意書、手術說明書、鈦合金脊椎椎體護架使用說明及麻醉同意書、麻醉說明書、全身麻醉診療計劃書，這些都有病人親筆簽名的同意書各 2 份為證。」

「其中『鈦合金脊椎椎體護架使用說明』也清楚記載『脊椎手術時，會先清除骨刺並且掏空椎間盤，完成後要在原來椎間盤處植入物，撐住上下脊椎骨，防止術後局部神經根牽扯刺激，椎間盤空間塌陷所造成的變型，也防止因為不穩定造成症狀復發，達到治療與預防雙重目的。』上面也有記載可能的副作用是『（1）造成神經損傷（2）椎體護架鬆脫（3）感染發炎＜1%（4）

骨融合不良 4%』，並且也有打勾說明。病人說醫師第 1 次手術前，沒有盡到告知義務，說明手術內容及可能之風險、併發症等，這些話，並無法令人採信。」

② 一般常情之下，若病患飽受病痛之苦，理論上應該會想全盤瞭解治療方式

「依照一般常情，病患飽受病痛折磨的時候，自然會想全盤了解疾病的源起及治療方式、以及可能的風險、後遺症或併發症，用來決定是否進行手術的考量依據，老李竟然說他當時沒有時間看說明書？這實在無法令人相信。」

③ 病人已經 70 歲，人生閱歷非常豐富

「況且老李第 1 次手術時已經年滿 70 歲，自己也說他原本經營五金行生意，是自營的加工廠，現在已經退休，因此他人生閱歷以及經驗，已經相當豐富。老李主張醫師手術前，並沒有盡到醫療法第 63 條第 1 項的告知及說明義務，侵害他的醫療自主決定權這些話，實在無法令人信服。」

最後法院認為，同意書已經經過老李親筆簽名，且 70 歲老先生，人生閱歷豐富，應該瞭解同意書的內容，醫師已解釋手術風險。

這題答案是（B）

70 歲老先生人生閱歷豐富，應該瞭解同意書的內容

參考判決：臺灣高等法院 106 年度醫上易字第 10 號判決

　　原本以為法院會覺得 70 歲老先生可能不懂同意書內容，而判決醫師沒有盡到告知說明的責任。但法院經過調查後，認為病人雖然已經 70 歲，但曾經是五金行老闆，歷練豐富，並非不識字或不懂事故，因此，最後法院認為病人應能理解手術風險，不能再要求醫師賠償。

70 歲的手術同意書有效嗎？

| 醫師已有
說明風險 | 同意書
都有簽名 | 人生閱歷
豐富 | 年齡不是
唯一依據 |

重點小提醒

醫師解釋手術風險時記得要仔細聽，並且要多跟醫師討論，如果簽了手術同意書後仍然對內容有疑慮，手術前其實都可以請醫師再多做說明、甚至反悔或拒絕手術。
但如果醫師已經解釋過手術內容及風險，術後卻又要上法庭怪醫師，這可是沒用的哦！

從案例
學醫療知識　　磁振造影檢查

　　這個判決有提到後來老李是做了磁振造影（又稱核磁共振），才發現是神經受到壓迫，那磁振造影跟電腦斷層、甚至一般的X光又有何不同呢？

　　一般情形，**脊椎X光**主要是看骨頭，可以看出脊椎的排列、間隔、或有無骨刺，進而間接判斷神經是否有可能受到壓迫。X光並沒有辦法直接看到神經或肌肉韌帶等軟組織的受損情形。

　　電腦斷層則是在看器官、血管、以及骨頭等構造，若以脊椎或骨頭來說，不但可以看出更細微、X光不易看出的骨折斷面，其3D立體影像比起X光，更能讓醫師掌握病人的骨折情形，以安排後續更適當的治療，然而電腦斷層也無法看出神經受損情形。

　　唯一可以看出神經是否有損害的是磁振造影，磁振造影藉由組織的氫原子變化，可以看穿軟組織及神經的內在變化，查知是否有神經損害。

　　既然只有磁振造影可以看到神經受損，那為什麼不讓每個病人不舒服就去做核磁造影檢查呢？這是因為核磁造影是一種精密檢查，不僅費用更昂貴、中小醫院不見得普遍有這設備以外，磁振造影每次檢查時間是1至2個小時，但X光卻只需1分鐘、電腦斷層只需5分鐘，磁振造影並非那麼快速方便。而且磁振檢查時，病人身上不但不能有金屬物品，如假牙、心臟節律器等，而且還必須在「隧道」裡躺1至2個小時，有時候病人如果有密室恐懼或病情不穩定時，也不見得適合做此檢查。

　　因此，除非已經高度懷疑神經受損、或找不到其他原因時，醫師才會安排磁振造影檢查，去做更深入的檢查判斷哦！

腦出血沒有更好的治療方式？
醫師沒說替代方案？

 案例

Jacky 因為頭痛、頭暈及左側肢體無力到醫院的急診就診，急診醫師趕緊安排腦部電腦斷層後，結果竟然是自發性腦出血。

但才不到幾個小時，Jacky 的病況就臨時發生變化，急轉直下、意識不清。此時神經外科大仁醫森判斷需要緊急開刀治療，以挽救 Jacky 的性命。

擔任手術助理的總醫師，趕緊向家屬解釋手術的必要性及風險，在家屬簽完同意書 1 小時後，主治醫師大仁醫森開始執行開顱及腦室引流管的置放手術。

手術雖然成功，但 Jacky 在住院期間，卻併發了中樞神經細菌感染，2 週後仍然不幸身故。

家屬決定控告醫院，要求醫院應該要賠償 300 餘萬。

➕ 家屬主張

大仁醫森並沒有親自告知、說明手術風險或提供如內視鏡等的替代治療方式以供選擇，侵害醫療自主權。

➕ 醫院主張

總醫師已經解釋過手術風險，而且當下情況危急，除了開刀，並沒有其他替代方案可供選擇。

您認為呢？

1、主治醫師是不是必須親自告知手術風險呢？
　（A）主治醫師必須親自告知。
　（B）不一定要由主治醫師親自告知。
2、家屬認為醫師沒提供替代方案，但醫師主張當時除了開刀，並沒有其他更好的治療方式，法院會怎麼判決呢？
　（A）緊急情況下，若沒有其他更好的方式，那也只能先開刀處理。
　（B）不行，就算沒有其他更好方式，也要提供給病人選擇。

🔍 法院判決這麼說

法院在調查之後這麼認為：

① 病人家屬已經簽署手術同意書，且同意書都有說明手術風險

「病人家屬親自簽名的『手術同意書』，第 1 項就已經明確記載：

『疾病名稱：顱內出血、右側

建議手術名稱：開顱及血腫清除，腦室引流管置放

建議手術原因：意識昏迷、腦部受血塊嚴重壓迫，顱內壓上升，
有生命危險』

另外同意書上也記載：『術中、術後併發症，如感染、出血、心肌梗塞、中風、癲癇、癱瘓、植物人、甚至死亡，皆已告知家屬。』等內容。大仁醫森當天晚間 8 時 30 分有簽名確認，而且病人家屬也親自勾選『我瞭解這個手術必要時可能會輸血：我同意輸血，以及醫師已向我解釋，並且我已經瞭解施行這個手術的必要性、步驟、風險、成功率之相關資訊；醫師已向我解釋，並且我已經瞭解選擇其他治療方式之風險；醫師已向我解釋，並且我已經瞭解手術可能預後情況和不進行手術的風險。針對我的情況、手術之進行、治療方式等，我能夠向醫師提出問題和疑慮，並已獲得說明……。我瞭解這個手術可能是目前的最適當選擇，但這個手術無法保證一定能改善病情。』」

② 病人家屬在手術前，應有充足的時間閱讀手術同意書

「病患家屬當天晚上 9 時 45 分，在『同意人簽名欄』處簽名同意，可以知道大仁醫森在當天晚上 10 時 45 分，為病患作開顱手術清除血腫以及腦室引流管放置術前，病患家屬應該有時間可以閱讀手術同意書，並向醫院或大仁醫森表示意見與疑慮，由此可認定大仁醫森有將病患的手術內容、必要性、進行方式、治療風險、常見併發症及副作用、治療成功率等，詳細且確實地告知病患家屬，並沒有侵害病人的醫療自主決定權。」

③ **執刀醫師或由其他醫療人員說明，並不是判斷告知義務的主要依據**

「告知方式應該是以該告知的內容，能不能讓病患充分理解為判斷，至於是不是由實際施行手術的醫師親自說明、或是交由醫療機構的其他人員進行說明，並不是判斷是否履行告知義務的主要依據。」

④ **緊急進行開顱血塊清除手術為當時唯一最佳選擇，未告知其他術式並不影響病患手術選擇與否**

「臺灣神經外科醫學會鑑定結果也認為『自發性腦出血處置，目前只有開顱血塊清除手術『可能有機會』降低腦出血病患的死亡率，其餘像內視鏡、立體定位血塊抽吸等，仍然無法證實對病患有實質的好處』，所以本案依照病患當時的病情，大仁醫森為病患緊急進行的開顱血塊清除手術，是當時唯一的最佳選擇，所以病人端主張大仁醫森沒有告知有其他手術療法，如內視鏡或立體定位手術等，顯然和病患的死亡沒有因果關係，更不會影響病人是否選擇本次的手術治療。」

最後法院的判決結果：大仁醫森沒有違反醫療常規，也沒有違反告知義務，不用賠償。

 重點小提醒

手術前的病情說明，由誰來講並不是重點，病人懂了才是重點哦！

Dr. 大仁哥 碎碎唸

手術是不是必須由執刀醫師親自說明？這個判決中，法院的看法翻譯成白話文是：「**病人只要有懂，誰講都沒關係；病人只要不懂，誰講都不算數。**」所以由誰來講並不是重點，病人懂了才是重點。

在這則案例中，因為病人病情危急，當下緊急進行的開顱手術是唯一最佳選擇。也就是說，要救病人唯一的辦法就是開刀，而且是開「開顱血塊清除術」，如果沒有進行此手術，那病人就更沒機會存活。法官認為，此時有沒有告知其他術式，並不會影響開刀的選擇與決定，本案例中，醫師已經用最好的方法來挽救病人性命，此時就算解釋其他可能的方法，也無法改變唯一可以治療病人的這種開刀方式，因此法官認為就算沒有講替代方案，也不會改變後來的結果。因此判決病人方敗訴。

從案例學醫療知識 ⌇ 顱內出血

顱內出血包括了腦內出血、蜘蛛網膜下腔出血、硬膜下出血、硬膜上出血等，大部分是自發性（如高血壓）或外傷性引起。

顱內出血時，必須看嚴重度決定後續處理方式，若出血範圍小，通常可以靠藥物控制，血塊會自行吸收，受損的神經功能，則是日後靠復健慢慢回復。

然而如果出血範圍大，甚至影響意識狀況、生命徵象時，就必須緊急開刀清除血塊，才能挽救生命。

腦出血示意圖

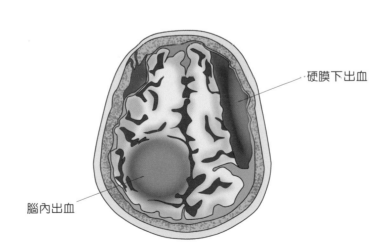

硬膜下出血

腦內出血

療程說明書，
可以充當手術同意書嗎？

❤️ **案例**

綺夢在大仁醫森開設的醫美診所，已經做過 2 次自體脂肪隆乳手術了，但覺得效果不好，這次希望能夠改用鹽水袋的方式。

但診所櫃台人員認為，自體脂肪隆乳還是比鹽水袋好，因此還是說服綺夢接受自體脂肪隆乳手術。

在綺夢簽完「療程說明書」後，大仁醫森順利幫綺夢完成了隆乳手術。沒想到手術後，綺夢卻發現她大腿內外及腹部，滿是抽脂留下的針孔，甚至過了幾個月，乳房還發現蓄積膿瘍，讓綺夢痛苦不堪。

因此綺夢決定向法院提告，要求大仁醫森賠償 80 萬元。

➕ 病人主張

「大仁醫森從頭到尾都沒跟我說過手術的任何風險或後遺症，也沒有對我的大腿脂肪情況進行任何評估，就建議我進行自體脂肪隆乳手術，導致我在不了解隆乳手術可能產生後遺症的情況下，就同意由大仁醫森進行手術。」

➕ 醫師主張

「檢察官都已經調查過，證明我手術沒有違反醫療常規，而且都已經簽過療程說明書了，沒有理由還要我賠償吧！」

您認為呢？

您認為「療程說明書」可以當作手術同意書嗎？

（A）療程說明書跟手術同意書不一樣，不行的。

（B）雖然名稱不一樣，但療程說明書已經包含手術內容介紹，所以是可以的。

🔍 醫療鑑定怎麼看

鑑定報告認為：「侵入性手術應該要簽手術同意書」

「自體脂肪注射是侵入性手術之一，依照醫療常規，應該簽手術同意書，同意書上應該要有疾病名稱、手術原因及手術方法，

並記載此種手術可能會發生的併發症，術前由手術醫師親自告知病人，並由醫師簽名負責，再由病人簽名表示知情同意。」

　　「本案病歷記錄中只有療程同意書，內容與醫療常規的手術同意書有相當大的落差。依照本案自體脂肪移植手術記錄，發現手術使用 Propofol（俗稱牛奶針），這屬於中重度以上的鎮靜劑，依照醫療常規，應該要有中重度鎮靜止痛同意書或麻醉同意書，其中需要有擬麻醉的方式、醫師解釋的聲明及病人同意的聲明並親自簽署。被告大仁醫森欠缺手術同意書及麻醉同意書的部分，違反醫療常規。」

🔍 法院判決這麼說

　　法院依據鑑定報告，這麼判決：

① 就算之前接受過手術，這次仍必須說明手術風險

　　「本件病患綺夢，曾經在診所接受過 2 次自體脂肪移植手術，雖然病患這次接受大仁醫森手術時，已是第三次自體脂肪隆乳手術，但每次手術的風險機率以及醫療情形都不一樣，大仁醫森對於這次手術，仍然負有告知說明的義務。」

② 療程同意書沒有記載告知風險內容，因此不能認為醫師有說明解釋

　　「這份療程同意書雖然記載：『本人綺夢同意接受自體脂肪移植手術治療，本人對於該項療程的原因、過程、效用，業經本院有關專業人員詳細說明，已充分了解，茲同意由本院進行該項療程。』這些內容，但是此療程同意書是制式文書，書面內容並

沒有具體記載這次手術相關的『告知義務內容』，不能憑病患綺夢閱讀該療程同意書內容後並在同意書上簽名，就可以認為醫師已經告訴病患綺夢這手術相關的併發症風險。」

「病歷並沒有手術前的看診資料，因此可以相信病患所說『術前醫師未曾看診』的內容，而醫師所提出的病歷資料中，除了手術當天的『自體脂肪移植術記錄』以外，醫師看診的病歷表，只有從隔週病人術後首次回診資料開始，並沒有這次手術前的看診資料，更可以證明，病患綺夢主張醫師手術前並未看診等情節，的確是真的。」

所以最後法院判決：雖然大仁醫森沒有違反醫療常規，刑事不起訴，但民事部分，應該賠償綺夢 20 萬元的精神賠償。

這題答案是（A）

療程說明書跟手術同意書不一樣，不行的

參考判決：臺灣高等法院臺中分院 104 年度醫上易字第 4 號判決

這個判決教我們三件事：

1、**療程說明書不等於手術同意書**，同意書應該要明確告知可能併發症或風險。

2、使用鎮靜麻醉劑（Propofol，俗稱牛奶針）算中重度鎮靜，**應該要有麻醉同意書。**

3、手術前就應該要有門診病歷記錄，而且**應該仔細跟病人說明手術風險及併發症，才算有盡到告知說明的義務。**

療程說明書可以當手術同意書？

| 同意書應有
併發症及風險 | 牛奶針須有
麻醉同意書 | 術前門診記錄
應告知風險 |

從案例
學醫療知識

牛奶針

鎮靜麻醉劑 Propofol（異丙酚）因為是白色的，因此俗稱**牛奶針**，Propofol 使用於鎮靜麻醉時，速度不但快而且效果也很好，是臨床上常用的鎮靜麻醉劑。

然而 Propofol 有個風險是會造成病人呼吸抑制，當病人進入深層鎮靜時，呼吸能力也會受到影響，嚴重時則可能會讓病人窒息死亡，之前麥可傑克森（Michael Jackson）就是因為使用牛奶針不慎而身亡。因此目前國內規定只要使用牛奶針，就屬於中重度麻醉，應該且必須事先告知說明風險，也必須要有麻醉同意書。

這個案例不僅沒有麻醉同意書、也沒有手術同意書，醫師就被認為沒有盡到告知說明的義務。

因此為了保障自己的權利與安全，在接受手術前，一定要要求醫師多做說明，並給予手術、麻醉同意書才行哦！

病人聽不懂中文？
同意書有沒有效？

 案例

強尼因為近視，打算進行 LASIK 近視雷射手術。

因為大仁醫森推薦他們診所的近視雷射手術有最好、最新的手術設備。因此，強尼選擇在這裡治療他的近視。在強尼簽完手術同意書之後，隔天，大仁醫森就幫強尼動手術。

沒想到手術後的 2 至 3 天，強尼的右眼視野就開始有霧狀模糊看不到的情形，但大仁醫森表示，這是因為角膜發炎，3 至 6 個月後就會好。

但是強尼的狀況卻越來越糟。

之後強尼出國，在國外的眼科醫院檢查，診斷出強尼罹患的是術後瀰漫性層間角膜炎，角膜已經受損，這時強尼的視力已經無法再恢復。

因此，強尼的家人幫強尼提起民事訴訟，要求大仁診所賠償 50 萬元……。

➕ 家屬主張

強尼從小在國外長大，母語是英文，強尼既看不懂、聽不懂、也不會說中文，完全不清楚同意書上簽字的內容，大仁醫森並沒有告知術後產生併發症的機率、或其他嚴重後果的手術風險。

➕ 醫院主張

大仁醫森已經有解釋過風險，而且強尼都有簽名了。解釋的過程中，強尼如果不懂都可以問，但是他也沒提出疑問啊！

您認為呢？

如果您是法官，您打算怎麼判決？（單選）

（A）看樣子強尼應該真的不懂中文，診所應該負賠償責任。

（B）看樣子強尼應該懂中文，診所已經告知說明手術風險，不用賠償。

法院判決這麼說

法院經過調查，醫療鑑定判斷醫療過程中大仁醫森並沒有疏失。

至於「告知說明」的部分，則是要看強尼簽署同意書的過程中，大仁醫森到底有沒有解釋？法院認為：

① **病人強尼並不是與世隔絕、沒有常識的人，怎麼會有不瞭解同意書內容意義，就簽名同意的道理？**

「病歷中所附的雷射屈光手術同意書，是由病人簽名以及按指印表示同意接受醫師實施雙眼雷射屈光手術。強尼自始至終都沒有爭執同意書上簽名與指印的真假，而且他也不是與世隔絕、沒有常識的人，因此不能還說他不清楚簽名所代表的法律意義。怎麼有完全不瞭解同意書的意思時，就隨便簽名同意的道理？所以強尼說他對於 LASIK 手術後，可能發生角膜炎的併發症及應該定期回診這些事情，什麼都不知道，這一點法院並無法同意。」

② **病人看診時都有母親陪同，若不懂應可隨時諮詢**

「病人雖然主張他母語是英文而不懂中文，所以不瞭解同意書的意義。但是診所的證人證明說：病人應該可以瞭解跟他的對談，而且病人的母親當天有陪同在場；護理師證人也在本案件偵查時說：病人的聽、說及溝通沒有問題，病人母親當天也有陪同在場。」

「這些都可以證明病人看診當天，經由醫師告知後，應該已經知道 LASIK 手術後可能發生的感染風險以及回診的重要性，而且也在手術當天簽署同意書，而這 2 天都有母親陪同，如果有強

尼所說的不理解中文意義的情形時，強尼都可以當場發問，如果不理解同意書所記載醫療專業術語的部分，也都可以隨時諮詢。」

所以最後法院判決認定強尼其實瞭解同意書的內容，判決強尼敗訴，大仁醫森並不用賠償。

這題答案是（B）

看樣子強尼應該懂中文，診所已經告知說明手術風險，不用賠償

參考判決：臺灣新北地方法院民事判決 104 年度醫簡上字第 2 號判決

Dr. 大仁哥碎碎唸

如果簽完手術同意書後，手術發生併發症，病人事後卻主張他聽不懂（例如本案例的這類外國人、或者老人、文盲……等等），法院並不會聽信片面之詞，而是會仔細調查整個過程中，到底醫師有沒有解釋？病人有沒有懂？

這個案例中，法官認為強尼並不是沒有常識的人，應該不會不瞭解內容就簽名，而且強尼手術前，在診所就診時，全程都有母親陪同，如果真的對內容不清楚，也可以隨時提問。

因此法院認定同意書有效且病人已經瞭解手術風險，再加上醫師的治療過程，從術前評估、手術過程及術後併發症的處置，皆無違反醫療常規，因此判決病人敗訴。

LASIK 近視雷射手術

　　LASIK 近視雷射手術的全名是：Laser Assisted In situ Keratomileusis，意思就是「雷射屈光角膜層狀重塑術」，可以用來矯正病人近視、遠視及散光的情形。

　　LASIK 是先用雷射創建出病人的角膜瓣，重塑角膜後，再把角膜覆蓋回治療區域，LASIK 手術雙眼只要 10 分鐘即可完成，而且通常術後隔天，即可正常活動，是目前很普遍且受歡迎的近視手術。

　　雖然近視雷射手術並不困難，但術前仍必須仔細說明手術風險，同意書也不能馬虎哦！

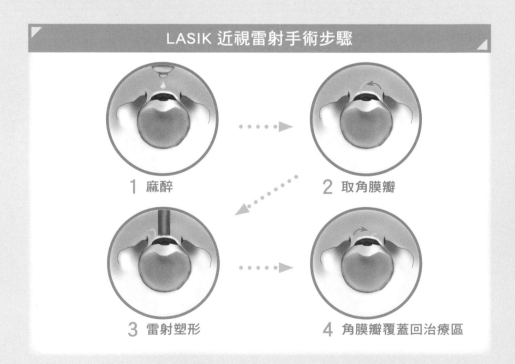

LASIK 近視雷射手術步驟

1 麻醉　　　　　　2 取角膜瓣

3 雷射塑形　　　　4 角膜瓣覆蓋回治療區

術後有狀況，才修改手術同意書，可以嗎？

💙 **案例**

大仁醫森是著名的眼科診所醫師，擅長的手術是白內障手術。

這天他接到了檢察官的出庭傳票，原因是上次他幫病人阿美開完白內障後，阿美的視力不僅沒改善，甚至還降到了 0.1。因此阿美就向檢察官提告，主張大仁醫森有醫療過失。

大仁醫森收到傳票後整天心神不寧，但是靜下心仔細想想後，知道總得要面對，於是自己開始審視這段醫療過程的病歷記錄。

大仁醫森翻出了手術同意書，戴上了老花眼鏡仔細檢查。手術同意書裡寫著：

「1.手術疾病名稱：白內障 2.建議手術名稱：水晶體囊內摘除術（左）及人工水晶體植入術（左）」

同意書上面有大仁醫森的姓名及日期，但其他部分卻空白。

同意書後面「以上手術相關事項業經貴院醫師詳加說明，簽署人已充分瞭解。簽署人：阿美」同意書上面有阿美的簽名。

但大仁醫森發現了同意書上的幾個選項：
「需實施手術之原因、手術步驟與範圍」
「手術之風險及成功率、輸血之可能性」
「手術併發症及可能處理方式」
「不實施手術可能之後果及其他可替代之治療方式」
「預期手術後，可能出現之暫時或永久症狀」
「如另有手術相關說明資料，我已交付病人」

上述這幾項內容，阿美都沒有勾選。

大仁醫森知道，如果手術同意書沒有將併發症記載清楚，那醫師敗訴的機會很大。

於是大仁醫森決定將這些選項全部打勾，並且在同意書上「補充」了幾個字：

疾病名稱「白內障（左）」，建議手術原因為「視力模糊（左）」
「散瞳約一小時等候，病人沒有再進一步詢問。」

補充完後，大仁醫森鬆了一口氣，心上的大石頭終於放了下來，並把補充後的手術同意書交給檢察官……。

您認為呢？

遇到醫療糾紛，被病患提告後，醫師可以在手術同意書上「補充」及「打勾」嗎？（單選）

（A）事後在同意書上打勾，雖然不符合倫理，但不至於「違法」。

（B）事後在同意書上打勾，已經屬於違法行為，醫師該負法律責任。

🔍 法院判決這麼說

法院的判決認為大仁醫森變造手術同意書，違反刑法的行使變造私文書罪。

① 大仁醫森在審理中坦承不諱

「大仁醫森在阿美簽署手術同意書後，自行在手術同意書上加註文字而加以變造，而且又向檢察官行使變造的同意書，大仁醫森在審理過程中坦承不諱。」

② 大仁醫森變造及行使手術同意書，損害阿美以及案件調查的正確性

「大仁醫森明明知道在阿美簽具手術同意書及說明書後，就不可以擅自更動手術同意書的內容，竟然術後某天，在診所內，基於變造私文書的犯意，將手術同意書上的疾病名稱改為『白內障（左）』、增填建議手術原因為『視力模糊（左）』，並在醫師的聲明部分增加勾選，以及增加填寫『散瞳約一小時等候，病人沒有再進一步詢問。』等文字，用來假裝大仁醫森在為阿美實施手術前，有進行告知義務，用此方式變造手術同意書。大仁醫

森又基於行使變造私文書的犯意，在檢察署偵查庭內，拿經過變造的手術同意書向檢察官行使，已經足以產生損害於阿美及案件調查的正確性。」

最後判決的結果是：大仁醫森犯行使變造私文書罪，處有期徒刑三個月，可易科罰金。

這題答案是（B）

事後在同意書上打勾，已經屬於違法行為，醫師該負法律責任

參考判決：臺灣新北地方法院 104 年度簡上字第 212 號判決

Dr.大仁哥碎碎唸

歷史總是不斷地重演。大家都知道不能再去修改病歷或手術同意書，但這種事情卻還是不斷地發生。而這種案件每次的結果都一樣，常常是醫療過失的部分醫師無罪，但偽造、變造文書的部分，卻是罪證確鑿、醫師被判刑，**所以醫師千萬不要去偽造病歷或同意書啊！**

重點小提醒 ∿

事後修改病歷或手術同意書，會有偽造、變造文書的刑事責任，醫師反而得不償失哦！

從案例
學醫療知識

白內障

　　白內障是指眼球的水晶體變得混濁，而使得視線變得模糊、畏光。出現白內障的原因有老年性、外傷性、藥物性或新陳代謝性等等，其中最常見的還是退化所引起。預防的方法則是儘量避免紫外線照射。

　　白內障用藥物治療的效果並不好，通常還是會建議開刀治療，目前的人工水晶體已經非常進步，一般術後的效果都不錯，然而畢竟手術仍有可能的風險，例如出血、感染、晶核移位、眼壓增高……等等。因此雖然白內障手術已經算是相當安全的手術，術前仍然得再跟醫師討論風險及效益才行哦！

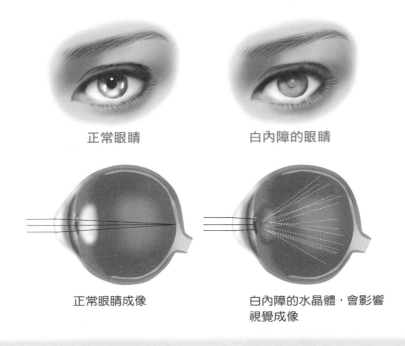

正常眼睛　　　　　　　　白內障的眼睛

正常眼睛成像　　　　　　白內障的水晶體，會影響
　　　　　　　　　　　　視覺成像

Part 2 攸關醫療人員的法律責任與病人安全準則

那些老師沒教的
醫療常規

單元說明

「**醫療常規**」是判斷醫療爭議的重要依據，不僅刑事部分會由是否違反醫療常規來判定有沒有醫療過失，民事部分如果違反醫療常規，也是會有侵權行為或債務不履行的責任。

然而「醫療常規」的判斷卻太過於醫療專業，而且隔行如隔山，不同科的醫師也不清楚其他科有什麼醫療常規，法官或檢察官更是如同陷於迷霧中，常常必須送醫療鑑定，才會知道醫師有沒有違反醫療常規，更常見的情況是：就算送了醫療鑑定，還是不知道什麼才是醫療常規。

有時候醫療常規只是一種習慣，而不是明文規範，有些醫師或學者也認為根本就沒有所謂的「醫療常規」，這也讓法院更難判斷是否有醫療過失。

但醫療常規真的那麼虛無飄渺？有沒有什麼規則可循？這一個單元，我們就一起由真實案例來看看，到底有哪些老師沒教過我們的「醫療常規」？如果是您，會不會也不小心就違反這些「醫療常規」呢？

遵守醫療常規，不只是醫療人員自身的法律責任，更是讓病人更安全的準則哦！

因病人要求而給予全身麻醉，可以嗎？

 案例

30 歲的 Mary 到大仁醫森的婦產科診所接受子宮內避孕器置放手術，Mary 以前在這間診所接受手術時，曾接受過靜脈麻醉，因此這一次也要求大仁醫森同樣進行靜脈麻醉。

一般情形時，子宮內避孕器置放手術是不需要施打靜脈麻醉的，現在 Mary 提了這個要求，如果您是大仁醫森，您會同意 Mary 的要求，為她施打靜脈麻醉再作手術嗎？

（A）會，病人以前有麻醉過，也沒什麼問題，OK 的！
（B）不會，如果我是診所醫師，病人如此要求，我應該會堅持
　　　拒絕

先思考一下，我們再來看大仁醫森的選擇哦！
大仁醫森最後還是答應了 Mary 的要求，在解釋風險及拿手術同意書和麻醉同意書給 Mary 簽名後，隨即就替 Mary 麻醉，並開

始施行手術。萬萬沒想到，Mary 接受靜脈麻醉後，卻發生呼吸衰竭及休克，後來，Mary 在急救後雖有保住一命，但已經因為缺氧性腦病變，而導致智能退化。

於是檢察官將大仁醫森以業務過失傷害的罪嫌，向法院起訴。

➕ 檢察官主張

醫師並沒有評估 Mary 有沒有需要麻醉的必要，就給予麻醉，違反醫療常規，有醫療過失的情形。

➕ 醫師主張

大仁醫森向法官主張他的醫療行為都符合醫療常規，Mary 以前也曾接受麻醉過，而且 Mary 這次已經簽過同意書，都瞭解手術及麻醉的風險了。

您認為呢？

病人要求全身麻醉並簽完同意書後，醫師給予麻醉，卻隨即出事，醫師有醫療過失嗎？（單選）

（A）是病人自己要求的，而且也簽過同意書了，醫師沒有過失。

（B）子宮內避孕器不需要全身麻醉，醫師卻給予全身麻醉，違反醫療常規，有過失。

🔍 醫療鑑定怎麼看

這個案子的醫療鑑定，是這樣說的：子宮內避孕器，除非情況特殊，通常不施行麻醉，本案給予麻醉，不符合醫療常規。

「一般裝置子宮內避孕器為門診醫療行為，除非情況特殊，通常不施行麻醉。如果因情況特殊而有施行麻醉的必要，則需要有適當的照顧能力及設備，才符合醫療常規。」

「一般醫師裝置子宮內避孕器，不需施行靜脈麻醉。所以本案給予麻醉，不符合醫療常規。至於有特別情形，例如子宮太緊等，則可予以麻醉，但應具有麻醉發生過敏情形之急救設備，如甦醒球等。本案病歷尚未顯示有需要麻醉之情形。」

也就是說，鑑定認為子宮內避孕器除非情況特殊，通常不施行麻醉，而這個案子中，大仁醫森給予麻醉，並不符合醫療常規。

🔍 法院判決這麼說

在參考了鑑定報告之後，法院的判決這麼認為：

法官調查後發現：病人從進入診間到接受急救，這之間時間非常短暫，很難想像醫師已經有詳細說明麻醉風險。

「家屬表示在外面等 5 至 15 分鐘左右，護士就衝出來說情況危急。可以證明病患從進入診間，到產生呼吸抑制的情形，時間非常短暫，很難想像醫師在這麼短的時間內，就詳細說明應該告知的事項、並接受病患的諮詢。」

　　法院認為大仁醫森說明的時間太短，根本無法在這麼短暫的時間內，讓 Mary 清楚了解施行麻醉的必要性、風險跟可能引起的併發症，並讓她可以仔細考慮是否接受麻醉。

　　因此除了醫療鑑定認為「醫師給予麻醉，並不符合醫療常規」以外，法院也認為「病人從進入診間到接受急救，時間非常短暫」，難以想像有詳細說明麻醉風險，故法院認為大仁醫森在並沒有盡到告知說明的義務下，又違反醫療常規，為病人施予麻醉，成立業務過失傷害罪，最後處有期徒刑 6 個月，可易科罰金。

這題答案是（B）

子宮內避孕器不需要全身麻醉，醫師卻給予全身麻醉，違反醫療常規，有過失

參考判決：臺灣高等法院刑事判決 104 年度醫上易字第 2 號判決

Dr. 大仁哥碎碎唸

　　很多人看完這個案子會有個疑問：如果子宮內避孕器不該麻醉而麻醉會被認為違反醫療常規，那無痛分娩、無痛胃鏡、無痛大腸鏡、舒眠牙醫等等，不也都是「不該麻醉而麻醉」，全部都違反醫療常規？

　　這裡可以提供大家一個簡單的判斷方式：

　　「常規」其實可以用有沒有「與眾不同」來思考。無痛胃鏡、

無痛大腸鏡，是很普遍的醫療方式，並沒有「與眾不同」，而且通常都由專業的麻醉科醫師負責，此時如果送醫療鑑定，醫療鑑定當然也不會認為無痛鏡檢違反醫療常規。但「**子宮內避孕器使用全身麻醉**」卻是「與眾不同」，因此醫療鑑定就認為除非有特殊情形，否則這個舉動是違反醫療常規的。

另外，也不是說「與眾不同」的做法就一定違反醫療常規，而**是要更小心謹慎做好事前溝通及解釋的工作**。這個案例因為沒有盡到告知說明的責任，又違反醫療常規進行麻醉，因此醫師就成立業務過失傷害罪了。

重點小提醒

雖然病人有權利可以要求某些醫療行為，但醫師仍有責任評估是否符合醫療常規哦！

從案例學醫療知識 **麻醉安全**

　　這個故事的鑑定報告有提到「如果有施行麻醉的必要，則需要有適當的照顧能力及設備。」所以這裡跟大家談談麻醉安全。

　　其實要讓病人麻醉睡著並不是難事，難的是病人被麻倒後，都能順利地醒過來。但要如何讓每位病人都順利地醒過來？靠的就是麻醉科醫師的專業能力，如藥物劑量、急救應變處理、儀器設備充足等。

　　所以麻醉時，有麻醉專科醫師守護著病人是非常重要的，目前衛福部已經規定，**有 8 種整型手術（削骨、中臉部或臉頸部拉皮、鼻整形、義乳植入、抽脂脂肪量達 1500cc 或總量達 5000cc、腹部整形、全身拉皮），一定要由麻醉專科醫師執行麻醉。**

　　因此大家在選擇手術場所時，一定要考慮到是否有麻醉科醫師專責麻醉，有合格麻醉專科醫師，才可以保障自己的麻醉安全！

確保手術與麻醉安全

麻醉專科醫師　　病人監控設備　　藥物管理機制　　急救流程確認

心肺復甦術急救時，該注意什麼？

 案例

Mary 於婦產科診所接受手術時，因麻醉失當而呼吸不穩定，甚至還量不到脈搏，醫師馬上給予 CPR 急救。

正當醫師在 CPR 時，119 已經來到診所，但卻找不到開刀房入口。

於是大仁醫森趕緊衝出去，引導 119 進來開刀房……

您認為呢？

大仁醫森跑出去引導救護人員進來開刀房，有沒有問題呢？（單選）

（A）時間就是生命，大仁醫森應該引導救護人員進來急救。
（B）大仁醫森不可以去引導救護人員，必須持續為病人急救。

醫療鑑定怎麼看

此案件送鑑定後，醫療鑑定報告是這麼寫的：

「不論以何種方式急救，均應持續不間斷，直到消防救護人員到場接手，方符合醫療常規。」

法院判決這麼說

法院依照鑑定報告，認為大仁醫森既然知道急救時分秒必爭，理應持續不間斷施作 CPR，然而醫師卻在知道救護人員到場後，明明有護理師可協助引導，自己卻中斷對病患 CPR 的急救動作、起身離開、再帶領救護人員到恢復室。

雖然大仁醫森只有中斷 CPR 幾分鐘，但仍然因為沒有持續施作 CPR 直到消防救護人員到場接手，被認為違反醫療常規明顯有過失。

正確方式應該是一人（例如醫師）持續壓胸，另一人（例如護理師）出去引導救護人員，才是正確的方式。

這題答案是（B）

大仁醫森不可以去引導救護人員，必須持續為病人急救

參考判決：臺灣高等法院刑事判決 104 年度醫上易字第 2 號判決

Dr. 大仁哥碎碎唸

　　這個案子其實是上一篇病人安裝子宮內避孕器、要求全身麻醉出狀況後，後半段的故事。

　　後來大仁醫森就因為不該麻醉而麻醉、不該中斷 CPR 卻中斷，所以被法院認為違反醫療常規，有醫療過失，被判了有期徒刑 6 個月（可易科罰金）。

只要簡單兩步驟！您也是救人英雄

不用人口呼吸，只要持續壓胸

1 ｜ 拿起電話
　　快打一一九

2 ｜ 胸口中間
　　持續壓就行

重點小提醒 ～〰〰〰

　　CPR 一旦啟動後，除非病人心跳恢復或由其他救護人員接手，不然是不應該中斷急救的哦！

從案例學醫療知識

CPR 心肺復甦術怎麼做？

這裡幫大家複習一下急救過程要怎麼做？

醫療人員版本為「叫叫 CABD」

叫：叫病人，確認病人反應、同時確認脈搏及呼吸。

叫：叫求救，請求急救小組支援。

C：如果沒有脈搏及呼吸，開始胸部按壓 30 下。

A：暢通呼吸道，壓額抬下巴，確認口中有無異物。

B：給予兩口氣人工呼吸。壓胸與人工呼吸為 30：2。

D：分析心律，視情況決定是否給予電擊。

一般民眾版本為「叫叫 CD」

叫：叫病人，確認病人意識狀況。

叫：叫求救，打電話叫 119、請旁人協助拿 AED。

C：如果病人沒反應、只要看起來「似乎」沒有脈搏及呼吸，即可開始壓胸，不需實施人工呼吸，只要持續壓胸即可。

D：儘快拿到 AED 自動電擊器，機器會自動分析給予指示是否電擊。

不管是醫療人員版本或一般民眾版本，若施救者只有一人，則先求救再幫病患執行 CPR；若施救者有多人，則一人尋求救援、一人執行 CPR。這個故事中，由於現場並非只有醫師一人，理應由其他人協助救護人員，而施救者持續施行 CPR 才是正確的做法。

氣管內管插管失敗怎麼辦？

 案例

60 幾歲的羅太太因為呼吸困難被送至急診，急診時卻逐漸呼吸衰竭，資深的急診醫師大仁醫森認為，此時應該立即執行氣管內管插管，才能維持羅太太血氧濃度，否則羅太太就可能會因為缺氧，而有生命危險。

時間緊迫，大仁醫森趕緊準備好氣管內管插管的物品，動作快才能救羅太太一命。

沒想到平常急救插管很少失敗的大仁醫森，這次卻碰上了大麻煩，羅太太屬於困難插管的病人，大仁醫森嘗試了好幾次都無法順利插上氣管內管，眼看著羅太太逐漸缺氧，但大仁醫森身旁除了一位剛進醫院的菜鳥醫師以外，也沒有更具插管經驗的醫師，所以大仁醫森只好自己再繼續嘗試。

沒想到大仁醫森經過 7 次插管失敗、花了一個小時仍然無法插管成功，結果羅太太不幸因血氧濃度過低，導致心跳停止。

大仁醫森在實行 CPR 時，終於緊急照會麻醉科醫師幫羅太太完成氣管內管插管，然而羅太太已經因缺氧性腦病變成為植物人，昏迷不醒。

檢察官認為大仁醫森有醫療過失，因此將依過失重傷害罪嫌，將大仁醫森起訴。

➕ 檢察官主張

醫師因為插管失敗，導致病人長時間缺氧，有醫療過失。

➕ 醫師主張

「身為一位具有將近 20 年經驗的急診醫師，我已經有獨立為病人插管的能力，成功率並不比麻醉科醫師差。而且醫療上，並沒有急診醫師急救插管時，必須要有耳鼻喉科或麻醉科醫師在場協助的醫療常規。臨床上遇到困難插管的病人時，如果讓身旁的年輕醫師去嘗試，反而更不負責任！」大仁醫森跟法官解釋。

病人是困難插管，大仁醫森無法順利維持病人氧氣濃度，醫師有醫療過失嗎？（單選）

（Ａ）大仁醫森插管失敗，卻沒有請求支援，有醫療過失。
（Ｂ）大仁醫森已經盡力，法律上無法苛求醫師只准成功不准失敗，
　　　醫師沒有醫療過失。

醫療鑑定怎麼看

鑑定報告認為，如果插管 3 次失敗，就應該照會其他醫師協助。

「一位醫師如果嘗試插管 3 次都失敗，就應該考慮照會其他資深醫師、麻醉科醫師或耳鼻喉科醫師繼續進行插管，或使用特別器具以幫忙插管。」

「一般建議同一施救者插管失敗超過 3 次以上，必須換手請其他施救者施行氣管內管插管，其主要原因並不是插管超過 3 次一定會引起併發症，而是因為第一個施救者經過 3 次插管失敗，可能手部的肌肉就已疲憊，無法繼續再做標準插管動作，或者是第一個施救者的插管手法，並不適合此病人，因此換另一個施救者插管，也許其手法較適合此病人，如此可能增加插管成功機會，減少插管所耗費之時間。」

法院判決這麼說

　　醫師並未幫病患提供穩定呼吸道的措施，與醫療準則不合，導致插管耗時過久，有過失。

　　「大仁醫森在上午 7 點，第 7 次插管失敗之後，長達半小時期間，並沒有任何為病患提供插管或者進行氣管切開術等，建立穩定呼吸氣道措施的記錄，病人在上午 7 點 31 分，血氧飽和度降到 30%、心跳停止而必須進行心肺復甦術後，才在 7 點 33 分，緊急照會麻醉科醫師，為病人進行插管，大仁醫森為病人實施醫療行為過程中，的確與前面說的醫療準則不符合，而插管過程耗時過久，也是經過醫審會兩次鑑定意見所認定的。」

　　最後，法院認為大仁醫森成立業務過失重傷害罪，判刑 3.5 個月。

這題答案是（A）

大仁醫森插管失敗卻沒有請求支援，有醫療過失

參考判決：台灣高等法院 98 年醫上易字第 2 號判決

Dr. 大仁哥碎碎唸

　　不管你是菜鳥醫師、資淺醫師、或是資深的主任級醫師，當醫療過程遇到困難時，一定要找人協助，**法院並不是要求醫師遇到什麼狀況都要會處理，但會要求醫療人員遇到自己無法處理的狀況時，一定要請求支援**，這樣才可以確保病人安全，也才能符合「醫療常規」。

重點小提醒 ∿∿∿∿

醫療過程遇到困難時，千萬記得不要勉強，一定要儘快找人協助哦！

從案例
學醫療知識

氣管內管插管

　　前面提到急救過程是「叫叫 CABD」，其中 A 就是暢通呼吸道。呼吸道要暢通，氧氣才能進到病人的肺部及循環，提供病人氧氣。

　　而**氣管內管插管，就是醫院針對無法呼吸的病人，建立人工呼吸道的方式**，有了這人工呼吸道，不僅可以確保呼吸暢通，而且還可以將管道繼續銜接至人工呼吸器上，讓機器繼續提供給病人高濃度氧氣，協助病人呼吸。

　　如果說**壓胸**是急救心跳停止的病人最關鍵的步驟，那**氣管內管插管**，就是給予呼吸衰竭的病人最重要的步驟。如果醫帥在呼吸衰竭的病人身上沒有成功建立人工氣道，再銜接呼吸器的話，那病人接下來就可能因為缺氧窒息而死亡，非常危險。

氣管內管插管示意圖

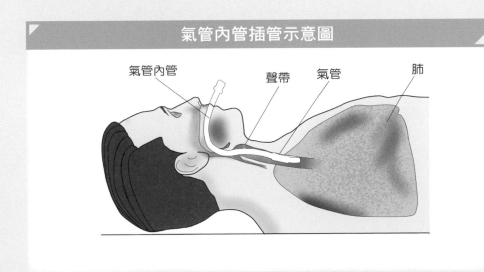

氣管內管　　　聲帶　氣管　　　　肺

111

簽了 DNR 卻沒讓 2 位
專科醫師診斷為末期病人？

案例

陳佬已經高齡 88 歲，這幾個月來，陸陸續續因為肺炎、泌尿道感染已經反覆在醫院住院好幾次，曾經也因為病況不佳，家屬簽了「不施行心肺復甦術同意書（DNR）」，幸好後來都熬了過來，順利度過難關。

這一次，陳佬又因為心律不整被轉入加護病房，結果才轉入加護病房沒幾天，就因為病情嚴重而當了神仙。

在陳佬離去前的最後一刻，大仁醫森尊重陳佬及家屬的意願，沒有給予 CPR 急救。

沒想到在陳佬仙逝之後，兒子小陳卻怒而向法院提告，認為之前簽的 DNR 無效，醫院沒為陳佬急救，有醫療過失，要求醫院必須賠償 780 萬元。

➕ 家屬主張

三個月前，陳老太太簽立陳佬的「不施行心肺復甦術同意書（DNR）」時，陳佬並沒有經過 2 位專科醫師診斷他是末期病人，因此這張 DNR 無效。

醫院沒有施行心肺復甦術，導致陳佬死亡，違反醫療常規。

➕ 醫院主張

醫師尊重家屬意願才沒有施予急救，而就算醫院施予急救，陳佬的敗血症也一樣救不回來，醫院並沒有違反醫療常規。

您認為呢？

若當時陳老太太簽署陳佬的「不施行心肺復甦術同意書（DNR）」真的缺乏 2 位專科醫師認定，醫院該賠償嗎？（單選）

（A）DNR 不符合要件，不成立，所以醫院應該賠償。

（B）有沒有實施 CPR，並不影響病人死亡的結果，醫院不用賠償。

法院判決這麼說

① 陳佬的死亡率達 40%，屬於末期病人

「陳佬轉入加護病房時，已經是 88 歲高齡，參考鑑定所附的資料可以知道，70 歲以上老人如果是最嚴重失能者，中位數

的平均餘命只有 1.6 年，所以可以推算陳佬當時的平均餘命已經不長，而且依照當天病房的住院記錄，計算重症病人疾病嚴重度評分 APACHE II 分數（score of Acute Physiology and Chronic Health Evaluation，即急性生理和慢性健康評分，分數越高代表死亡率越高），陳佬的 APACHE II 評分為 20 分，也就是說陳佬本次住院的死亡率高達 40%，屬於末期病人。」

② 就算進行心肺復甦術，也無法提高病人存活率

「陳佬因為肺炎、泌尿道感染、心房顫動合併心室頻脈及貧血等情況下，住院治療，最後診斷是敗血症合併多重器官衰竭，死亡已經是不可避免。依照鑑定所附的參考資料，對於敗血症的病人，心跳停止時，醫護人員就算對病人進行心肺復甦術，病人的存活機率只有 7.6%；必須要治療造成敗血症的原因，才能提高病人的生存機率，所以就算醫護人員當時有進行心肺復甦術，也無法提高病人的生存機率。」

最後法院認為醫院沒有違反醫療常規，不用賠償。

這題答案是（B）

有沒有實施 CPR，並不影響病人死亡的結果，醫院不用賠償

參考判決：臺灣宜蘭地方法院 107 年醫字第 4 號民事判決

Dr. 大仁哥碎碎唸

　　雖然法院認定醫院的做法沒有違反醫療常規，不用賠，但大仁哥認為**這案子並不是法律問題，而是溝通與倫理問題。**

　　病人重病住進加護病房時，若病情仍然沒有改善，到了最後的那一刻，**如果醫療人員們可以再跟家屬確認一次是否要對病患施予急救，確定家屬對於不急救是否有共識後，醫師再不施予急救，會是比較理想的作法。**

重點小提醒 ‿〜〜〜

病人病況不好時，醫療人員應該要與家屬多溝通，讓家屬理解後續的治癒機會大不大？是不是無效醫療？讓家屬提早有心理準備。真的到了那一刻，也要再確認家屬對於急救的意願哦！

DNR、安寧緩和醫療條例與
病人自主權利法

 從案例學醫療知識

DNR（Do not resuscitate）的意思是病人臨終時，不施行心肺復甦術；安寧緩和醫療條例規定病人如果符合下列兩項規定，可以不施行心肺復甦術：

1. 由兩位專科醫師診斷為末期病人
末期病人是指罹患嚴重傷病，經醫師診斷不可治癒，且近期內病程進行至死亡已不可避免。

2. 有本人簽署的意願書
有本人或者由法定代理人或最近親屬簽署的同意書。

如果不符合以上規定，從法律的角度而言，病人是不能拒絕急救，且醫療人員也必須施予急救才行，也就是說，除非符合「罹患嚴重傷病，經醫師診斷不可治癒，且近期內病程進行至死亡已不可避免」的病人才能不急救。

然而安寧緩和醫療條例當初主要設計在癌末病人的緩和治療，在這法規之下，許多不符合末期病人定義的非癌症患者，卻沒有自己決定是否要接受急救的權利。

因此民國 108 年實施的病人自主權利法，將範圍延伸到五類的病人，這五類的病人如果有事先預立醫療決定，都可以選擇自己是否要接受維生醫療：

1. 末期病人。

2. 處於不可逆轉的昏迷狀況。

3. 永久植物人狀態。

4. 極重度失智。

5. 經中央主管機關公告的情形。

　　但臨時發生以上幾種情形時，本人通常也已經無法自主作決定，因此如果有意願決定自己的臨終方式，建議要提早規畫討論，並事先預立醫療決定才行！

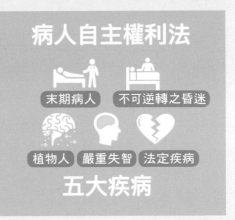

治療紅斑性狼瘡卻往生，
少女家屬指控醫師殺人？

✔ 案例

17 歲少女小樂因為紅斑性狼瘡在醫院住院接受治療，住院期間大仁醫森發現小樂有貧血、肋膜積水、呼吸衰竭、敗血症等情形。

醫師向小樂的母親小樂媽建議要輸血、肋膜積液引流、氣管內管插管、轉入加護病房等治療方式，然而都遭到小樂媽拒絕，而且小樂媽也不願意簽署任何「拒絕治療」的文件。

後來小樂的狀況持續不佳，大仁醫森終於替小樂插上維持呼吸用的氣管內管治療，但小樂卻已經產生缺血性腦病變而昏迷臥床，幾年後，小樂不幸離世。

小樂媽無法接受這個結果，因此決定向法院提起刑事及民事訴訟，控告醫師殺人罪，並且要求醫師賠償 700 萬元。

➕ 家屬主張

醫院竟然將只是紅斑性狼瘡的病患治療成植物人？醫院有明顯的醫療疏失，且大仁醫森從來沒有跟家屬解釋治療風險或替代治療，妨礙醫療自主權，才使小樂變成植物人、甚至後來死亡。

➕ 醫院主張

紅斑性狼瘡的病患如果配合醫囑治療，病情通常可以緩和，不至於導致腦部傷害，小樂的住院過程中，是因為家屬不同意醫師進一步治療，礙於國內的法律規定，而無法為小樂進行緊急治療。大仁醫森沒有任何醫療過失。

您認為呢？

小樂未成年，病情卻相當嚴重，家屬卻拒絕輸血，也拒絕後續治療，因此治療遭到拖延。您覺得大仁醫森有醫療過失嗎？（單選）

（A）為保障未成年兒童醫療權，大仁醫森應該不顧家屬不同意，大仁醫森若沒有強行介入治療，會有醫療過失的情形。

（B）大仁醫森依照法定代理人的意願，雖然沒有提早給予病人治療，但在法律上並沒有醫療過失的情形。

🔍 醫療鑑定怎麼看

① 病歷記載家屬拒絕治療

當天病歷以中文記載：「家屬揚言拒絕處置的後果，由她負

責。」、「總值住院醫師已告知家屬目前情況，但家屬拒絕抽血，拒絕抽肋膜積液，拒絕進加護病房，家屬願自費補充白蛋白，但家屬稱自己頭痛，不願再與值班醫師討論，且不願簽任何負責文件或記錄。」

② **醫師不斷持續解釋病情，但家屬多次拒絕**

「依據病歷記載，病患家屬多次拒絕醫療處置，以及拒絕醫師解釋病情，但相關的醫師仍不斷持續解釋病情，並勸說家屬同意病患接受治療……。」

🔍 法院判決這麼說

病患家屬多次拒絕醫師治療或解釋病情

「根據相關病歷記載，病患小樂家屬多次拒絕醫療處置及拒絕醫師解釋病情，但相關醫師仍然不斷解釋病情，以及勸說家屬同意病患接受治療。依據病歷記載，醫師已向家屬解釋病患施作插管的必要性，更有小樂媽拒絕醫護人員履行告知說明義務的記錄，顯然大仁醫森在進行相關治療行為前，已經將醫療行為的必要性、風險、併發症及副作用、進行治療及拒絕治療的可能效果，進行相當的告知說明，已符合醫療法的規定。」

「大仁醫森所採取的醫療處置行為，並沒有違背一般醫療常規，而且已經一再基於醫療專業，據當時狀況告知小樂媽依最適當、最有效的醫療方法，但小樂媽對於施用於小樂的醫療方式有意見或無法接受，導致大仁醫森在尊重病患及家屬自主權的前提下，無法即時採取建議的醫療行為，因此並無法認為大仁醫森有任何沒盡到告知說明義務、或醫療疏失的行為存在。」

這題答案是（B）

大仁醫森依照法定代理人的意願，雖然沒有提早給予病人治療，但在法律上並沒有醫療過失的情形

參考判決：臺灣高等法院 103 年醫上字第 25 號民事判決

Dr. 大仁哥碎碎唸

這個案例要討論的不只是法律問題，更重要的則是倫理問題。家長能不能拒絕未成年子女的治療？誰又該承擔拒絕的後果？

這裡法官根據病歷記載，認定醫師已經盡到病情告知的責任，醫師的治療處置也沒有違反醫療常規，沒有法律上的過失問題。

至於倫理的部分，理論上**應以未成年兒童的健康利益為最大考量，家長如果反對治療，不僅家長的反對是無效的以外，甚至家長還有刑責的可能**。只不過，國內的法律目前仍以法定代理人（家長）的意見為治療依據，這是比較令人無奈的地方。

但是**緊急情況時**，醫師則是有責任、也是必須做治療的，家屬並沒有反對的權利，這部分倒是比較沒有疑慮。

重點小提醒

未成年兒童的健康利益優先，一般情況時，治療必須經法定代理人的同意，但是緊急情況時，就算家屬拒絕，醫師仍必須加以救治，不能因為家屬拒絕就不給予兒童治療。

紅斑性狼瘡

　　紅斑性狼瘡是一種自體免疫疾病，一般較常發生於女性身上，男女比例大約是 1：9。

　　紅斑性狼瘡是因為體內免疫能力失調，產生了大量異常的抗體，這些抗體進一步攻擊了體內各個器官，引起組織的破壞，於是全身上下哪個器官受到影響，哪裡就有該器官的症狀。

　　例如影響到皮膚，皮膚會有盤狀紅斑、臉部有蝴蝶斑；影響到腎臟，腎臟會有腎臟疾病、腎絲球發炎、嚴重甚至腎臟衰竭而要洗腎；影響到關節，就出現關節炎；影響到腦部，就出現癲癇、精神異常……等等。

　　目前紅斑性狼瘡的治療仍是以類固醇、奎寧、免疫抑制劑為主，雖然紅斑性狼瘡無法「根治」，但以目前的醫療水準，只要病患規律服藥，仍然可以好好地控制病情，就像其他高血壓、糖尿病等慢性病一樣，不會對生活造成太大的影響。

　　因此如果有紅斑性狼瘡，一定要好好地跟醫師討論，並用藥控制，千萬不要放棄治療哦！

抗生素打太快
違反醫療常規？

 案例

80 歲的老楊最近頗受膝蓋退化的困擾，找上了名醫大仁醫森處理。大仁醫森建議老楊進行膝關節置換手術。

老楊開完刀三天後，膝蓋卻發生紅腫的情形，大仁醫森擔心老楊的傷口有細菌感染，所以決定給予抗生素萬古黴素（Vancomycin）治療。

結果沒想到老楊在施打抗生素之後，卻全身痙攣、口吐白沫、意識昏迷，臥床一年後，合併敗血症死亡。

家屬認為大仁醫森有醫療過失，決定向法院提告，要求醫院賠償300萬。

✚ 家屬主張

依照藥品仿單的規範，這抗生素必須緩慢滴注才行，但醫師跟護理師竟然在 20 分鐘內，將萬古黴素全部施打完畢，導致病患因此昏迷死亡，醫師及護理師都違反醫療常規。

✚ 醫院主張

藥品仿單上的規範只是「建議」，醫師有裁定權，可以就不同個案的狀況，決定藥物施打方式，大仁醫森並沒有違反醫療常規。

您認為呢？

藥品仿單上的使用指示，一定要遵守嗎？或只是「建議」，醫師可以自行衡量嗎？

（A）仿單上的指示必須遵守，因此大仁醫森的確違反醫療常規。
（B）仿單的建議僅供參考，每個病人情況不同，醫師有醫療裁量權。

🔍 醫療鑑定怎麼看

萬古黴素注射方式至少須 60 分鐘給藥時間：

「依藥品說明書，萬古黴素（Vancomycin）應該用點滴方式給藥。注射方式每分鐘不超過 10 mg，或至少須 60 分鐘給藥

時間。」

「快速注射萬古黴素（Vancomycin）完畢若屬實，而且如果產生嚴重的併發症，就必須緊急醫療及救護。另外快速注射萬古黴素（Vancomycin），則是有疏失的嫌疑。」

法院判決這麼說

醫師及護理師皆沒有遵照仿單指示，有醫療過失：

「醫師沒有遵照藥劑仿單所記載的調配輸液方式，開立稀釋液供調配藥劑使用，而且當護理師在為病患施打藥劑時，也沒有再確認藥劑仿單所記載的施打方式及時間，任由護理師用不足的稀釋方式調配，還在 20 分鐘以內就施打完畢，這醫療行為有明顯的過失；另外護理師在調配藥劑輸液時，沒有依照藥劑仿單所記載的方式調配，且疏忽沒有注意注射時間應該至少要 60 分鐘，卻在 20 分鐘以內就施打完畢。最後，法院判決醫院必須賠償老楊家屬共 297 萬元，護理師的醫療行為也有過失。」

這題答案是（A）

仿單上的指示必須遵守，因此大仁醫森的確違反醫療常規

參考判決：臺灣高等法院高雄分院 105 年醫上字第 3 號民事判決

Dr. 大仁哥碎碎唸

　　這篇判決最主要在提醒醫療人員們，**藥品仿單上的指示，原則上就是規範，並不只是僅供參考而已，而是必須要遵守的。**

　　例外的情形是「仿單外使用」。根據衛福部的規範，藥品「仿單核准適應症外的使用」原則如下：

1　需基於治療疾病的需要（正當理由）。
2　需符合醫學原理及臨床藥理（合理使用）。
3　應據實告知病人。
4　不得違反藥品使用當時，已知的、具公信力的醫學文獻。
5　用藥應盡量以單方為主，如同時使用多種藥品，應特別注意其綜合使用的療效、藥品交互作用或不良反應等問題。

　　如果藥物要仿單外使用，則是一定要符合規定，這個案例中萬古黴素的施打並不符合仿單外使用的規範，不符合醫療常規。

仿單外使用的法律規範

| 要治療疾病（正當理由） | 要符合醫理（合理使用） | 要告知病人 | 要依據文獻 | 要單方為主 |

仿單外使用

仿單就是**藥物的使用說明書**，每種藥物都有仿單，上面記載著這個藥可以用在什麼適應症、劑量及途徑等等。

「仿單外使用」的意思就是**醫師所開立的藥物並沒有照著這份說明書所指示的適應症、劑量或途徑而給予藥物**。有時候醫師引進國外新的療法時，若該情形沒有寫在藥物的說明書上，也是屬於「仿單外使用」。

「仿單外使用」並不是違法，著名的藍色小藥丸威而鋼，一開始是使用於肺動脈高壓的藥物，後來才發現，威而鋼有延長勃起時間的「副作用」，因此在正式把威而鋼使用於勃起障礙前，用威而鋼來治療勃起障礙也算是「藥物仿單外使用」，只要有醫療證據，仿單外使用的作法是可以接受的。

但是藥物仿單外使用時，畢竟病人並不清楚其風險或效益，甚至病人也無法知道治療到底有沒有醫療證據可以支持？因此才規定：**醫師於仿單適應症以外進行醫療行為時，必須按照規範，才可以保障病人的權利，並增加病人安全！**

重點小提醒 ～〰〰〰

> 醫師使用藥物時，一定要照仿單的規範使用，才可以避免病人發生不良反應哦！

127

「雞尾酒療法」減肥
卻導致藥物過敏？

 案例

24 歲妙齡的 Elsa 自認太過肥胖想要減肥，因此打聽到最有名的大仁醫森減肥診所。大仁醫森用他最擅長的「雞尾酒療法」，同時使用多種藥物，利用藥物的副作用來幫忙 Elsa 減肥。

沒想到 Elsa 服用藥物後，竟然產生過敏反應，甚至後來還導致右眼失明，無法再繼續工作。查明原因才知道是藥物引起「史蒂芬強森症候群」，因而讓 Elsa 產生這麼強烈的過敏反應。

Elsa 因此向法院提告，主張大仁醫森沒有事先說明藥物的副作用和風險，導致她產生「史蒂芬強森症候群」而失明，要求大仁醫森必須負起賠償責任。

➕ 家屬主張

醫師竟然隱瞞雞尾酒療法的內容，也沒有說明、解釋各藥物的副作用及交互作用，導致病人嚴重過敏，明顯違法，應該賠償。

➕ 醫院主張

事前都有詢問過病人會不會藥物過敏，她自己都勾選不會，而且「史蒂芬強森症候群」的可能原因很多，並無法認定就是我的藥導致的。醫師對於「史蒂芬強森症候群」的發生，根本就無法預測或預防，因此我並沒有過失情形！

您認為呢？

聰明的您，覺得法院會怎麼判決呢？（單選）

（A）發生罕見的藥物副作用「史蒂芬強森症候群」，並不是醫師的錯，醫師不用賠。
（B）醫師「仿單外使用」卻沒有告知病人可能風險，要負賠償責任。

🔍 醫療鑑定怎麼看

醫療鑑定報告，這次是這麼說的：

① 藥物使用並不符合藥物的適應症

「大仁醫森開立藥物作為減肥處方，明顯是用藥物副作用，達成體重減輕的目的，這些並不符合個別藥物使用的適應症。」

② 醫師開立的藥物是導致病人罹患「史蒂芬強森症候群」的主因

「Elsa 在服用大仁醫森開立的藥物以前，並未發生『史蒂芬強森症候群』的現象，在 3 月 28 日開始服用大仁醫森開立的 Buprotrin 後，就出現『史蒂芬強森症候群』的情形，這可以證明大仁醫森在 3 月 28 日開立的 Buprotrin 就是導致 Elsa 罹患『史蒂芬強森症候群』的藥物。」

法院判決這麼說

法院依據鑑定報告後這麼認為：

① 醫師違反「仿單核准適應症外使用」的原則

「上述藥品的主要用途及適應症，並不是用來減肥。但因為有醫學文獻及研究報告記載類似的療效，所以有些醫師就利用這些藥品並用於減肥，這屬於藥品的『仿單核准適應症外使用』。但如果將上述藥物全部合併使用，恐怕會有不良的交互作用及副作用。」

② 醫師並沒有向病人解釋藥物副作用及危險性

「大仁醫森開立藥物給病人 Elsa 作為減肥使用，明顯是以藥物的副作用，達到體重減輕的目的，這並不符合個別藥物使用的

適應症，屬於藥品仿單標示外使用，所以大仁醫森更應該依照醫師法第 12 條之 1 規定，把他以『雞尾酒療法』，也就是以數種藥物的副作用，為 Elsa 進行減重時，將這減重方法的特徵、具體方法、藥物本身的副作用、加乘使用的副作用、優缺點、危險性等，向病人 Elsa 詳細說明，讓病人選擇是否願意採取這『雞尾酒療法』進行減重，大仁醫森始終無法舉出證明表示已經盡到這些說明義務。」

③ **醫師沒有盡到說明義務，而且違反醫療常規，應該負賠償責任**

「大仁醫森以『雞尾酒療法』為 Elsa 進行減重，不僅沒有盡到說明義務，而且還明顯違反醫療常規以及用藥常規，其所開立給 Elsa 服用的 Buprotrin，更造成 Elsa 罹患『史蒂芬強森症候群』，還導致她右眼失明的結果，大仁醫森明確有過失，而且與 Elsa 的損害結果之間有相當因果關係，被告大仁醫森應負損害賠償的責任。」

法院最後判決大仁醫森必須賠償 Elsa 醫療費用、勞動損失、精神賠償，共 476 萬。

這題答案是（B）

醫師「仿單外使用」藥物，卻沒有告知病人可能風險，要負賠償責任

參考判決：臺灣高等法院臺中分院 107 年度醫上字第 4 號判決

Dr.大仁哥碎碎唸

前一篇我們提到仿單外使用的條件，這一篇我們就看到醫師在沒有告知病人風險的情形下，違反醫療常規，用藥物的副作用讓病人減肥，而被判決必須賠償病人的損害。

所以**醫師如果要利用藥物副作用來治療病人，一定要遵守「仿單外使用」的規範，千萬要更加小心才行！**

藥物仿單外使用，卻未告知說明

賠償 **476** 萬

————————

臺灣高等法院臺中分院
107 年度醫上字第 4 號判決

 重點小提醒 ～√√√√～

「仿單外使用」藥物時，一定要詳細告知病人可能的副作用及風險哦！

從案例
學醫療知識

史蒂芬強森症候群
（Stevens-Johnson syndrome）

史蒂芬強森症候群是一種嚴重的過敏反應，常是由某些抗生素、非類固醇抗發炎藥（NSAID）、抗癲癇藥物、痛風藥物、或磺胺類藥物引起。

史蒂芬強森症候群會使全身的皮膚及黏膜發生病變，導致表皮、真皮分離，或導致全身表皮細胞死亡。因為會影響全身的黏膜及表皮，所以眼、鼻、口、胃腸道、呼吸道、會陰、尿道等等，全部都可能受到波及。

較輕微的史蒂芬強森症候群會讓皮膚有靶心狀的病灶，嚴重時則是像燙傷一樣的脫皮，如果患病面積達體表面積 30% 以上時，又稱為**中毒性表皮壞死症候群**（Toxic epidermal necrolysis，TEN），死亡率將更高。

目前史蒂芬強森症候群的治療，**最重要的是停止過敏藥物使用以及症狀治療**。而不論是不是史蒂芬強森症候群，藥物過敏嚴重時，一樣都可能影響生命，因此只要服用藥物後，有不適情形或不良反應發生時，一定要回診跟醫師討論後續治療才行哦！

醫美手術長達 8 小時？
手術時間過長可以嗎？

案例

Stanley 不僅有糖尿病、高血壓，也有肥胖及不舉的困擾，這次他趁著年節放長假，來找著名的醫美名醫大仁醫森動手術，希望來個全身大維修，給自己一個新的人生。

「我很忙，只有這幾天有空，可不可以一次幫我解決這些狀況？」Stanly 要求大仁醫森把手術集中在同一天做完。

於是大仁醫森一次就幫 Stanley 安排了好幾個手術：抽脂、胃繞道、人工陰莖植入術、自體脂肪移植、以及割雙眼皮等等。這天的手術長達 8 小時，術後大仁醫森將 Stanley 留院觀察幾天。

沒想到術後第三天半夜，Stanley 忽然被發現沒有呼吸心跳，經過緊急急救及心肺復甦術，大仁醫森清晨再將 Stanley 轉送大醫院時，Stanley 已經因肺栓塞而死亡。

於是大仁醫森被檢察官以業務過失致死的罪名向法院起訴……。

➕ 檢察官主張

醫師應該注意病人有高血壓、糖尿病等病史，是高風險病人，不應同時進行多項手術，以免手術時間過長，而增加血栓發生的風險；而且病人急救後病況仍未改善時，就應該立即安排病人轉院，以增加病人存活機會。

➕ 醫師主張

「我認錯，我也願意跟家屬和解……。」

您認為呢？

平常上班很忙沒時間，一次就把全身整完，好嗎？（單選）

（A）手術時間不宜太久，會增加併發症風險。

（B）風險本來就無法避免，一次手術不但省時也方便。

🔍 法院判決這麼說

後來法院判決是這樣：

① 醫師自己承認犯罪

「本件被告大仁醫森業務過失致死的案件，經檢察官提起公訴後，被告大仁醫森自白承認犯罪。」

② 長時間手術增加病人肺動脈血栓風險，而且醫師沒有立即安排病人轉院

「Stanley 因為肺主動脈血栓造成呼吸休克死亡。Stanley 有高血壓及糖尿病等病史，本來就是血栓發生的高風險病人，在抽脂、胃繞道、人工陰莖植入、自體脂肪移植、割雙眼皮及割眼袋等多項手術同時進行、而且整體手術時間長達 8 小時的情況下，更增加了肺動脈血栓的風險。」

「受限於診所內沒有完整急救設備以及後續的診療能力，經過急救、病人病況仍然沒有改善時，大仁醫森應該立即安排病人轉院，以利進一步的診治，但大仁醫森並沒有立即安排病人轉院，與病人的死亡有關。本件事證明確，可以確認被告大仁醫森的犯行。」

最後判決結果：大仁醫森因業務上之過失致人於死，處有期徒刑 3 個月，可易科罰金。

這題答案是（A）

手術時間不宜太久，會增加併發症風險

參考判決：臺灣臺北地方法院 105 年醫簡字第 2 號刑事

Dr. 大仁哥碎碎唸

　　這個案例，醫師自己承認過失，所以直接進入快速通關、不用嚴格審核的簡易審判程序，但刑事被告的自白不能單獨成為證據，所以還是要有其他證據佐證，並不能隨便馬虎就審判。

　　醫師後來被法院認為有罪，最主要有兩個原因：

1　高風險病人長時間接受手術而導致肺栓塞。
2　急救後，卻沒有立即轉院作進一步治療處置。

　　但因為醫師犯後態度良好，所以可以易科罰金，不用被關。

重點小提醒

　　非緊急的手術千萬不宜將手術時間安排過長，會增加肺栓塞風險，另外手術後，病患若出狀況，初步急救後，一定要立即叫救護車轉送大醫院哦！

肺栓塞

　　人的血液循環是這樣的：全身的靜脈回流，經由上、下腔大靜脈流回至右心房後，會再經由右心室、肺動脈到達肺部的肺泡微血管，進行換氣，這些血液經由肺泡微血管得到充足的氧氣，再經由肺靜脈回到左心房、左心室，並由主動脈把新鮮的含氧血送至全身各處。

　　重點來了，如果全身上下有某條靜脈裡產生「栓子」，例如：久坐或臥床導致深層靜脈血栓、心律不整心房顫動產生血栓、癌症、外傷骨折的脂肪栓塞等等，這些栓子回流至心臟，再由肺動脈送至肺部時，會使得肺動脈阻塞不通，肺動脈阻塞後，不僅影響肺部換氣，嚴重時甚至後端的左心室、主動脈的心輸出量也會不足，而導致血壓降低、暈厥、休克，病人甚至會有猝死的可能。

　　高齡、手術時間過久、抽脂手術，都是術後造成肺栓塞的高風險群，這種情況下，手術時一定要更小心才行。

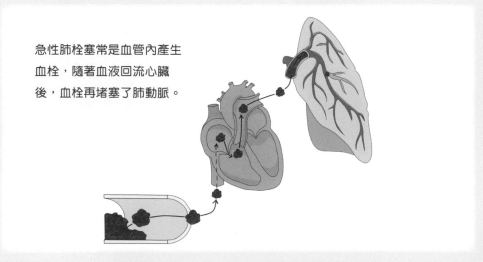

急性肺栓塞常是血管內產生
血栓，隨著血液回流心臟
後，血栓再堵塞了肺動脈。

抽脂出血要賠償，
只因醫師術前少做一件事？

案例

陳董是上市公司董事長，這次打聽到專做醫美的大仁醫森，請大仁醫森幫他安排腹部抽脂手術。

「我有高血壓，之前也有放過心臟支架。」陳董填寫手術同意書後，主動跟大仁醫森說。

沒想到，大仁醫森後來在為陳董進行抽脂手術時，陳董後腹腔卻持續流血不止，最後竟然休克，急轉大醫院，幸好後來有救回陳董一命。

後來才知道，原來陳董幾年前接受心導管治療後，就一直有在服用抗血小板及抗凝血藥物，難怪手術中，會血流不止。

陳董於是向法院提告，認為大仁醫森在術前並沒有詳細問診，不

瞭解他的用藥狀況，就貿然施行手術，才讓陳董在鬼門關前走了一回。

➕ 病人主張

「醫師在手術前只叫我填寫手術同意書，但並沒有問我的過去病史，也沒有告訴我手術的注意事項。」

➕ 醫師主張

「我沒有錢、沒有房子，我實在沒有能力賠償了……。」

您認為呢？

術前沒有詳細詢問藥物史，算是違反醫療常規嗎？（單選）

（A）藥物史很重要，沒有瞭解藥物史就開刀，算是違反醫療常規。

（B）雖然藥物史很重要，但沒有記錄到藥物史就開刀，還不到違反醫療常規那麼嚴重。

🔍 醫療鑑定怎麼看

病歷沒有記載病人是否有服用抗血小板藥物：

「本件經過醫院鑑定結果認為，依照大仁診所病歷的記載，陳董曾接受過心導管治療，但病歷卻沒有詳細記載陳董是否有服用、或已經停用抗血小板或抗凝血劑之類的藥物。如果陳董服用

這些藥物，在沒有事先停用的情形下，進行抽脂，若無法有效止血時，則可能引起相當程度的失血，加上抽脂過程中流失的水分，就可能導致休克。」

🔍 法院判決這麼說

① **醫師有義務詢問病人服用藥物的狀況，並告知出血的可能性**

「陳董既然長期服用抗血小板或抗凝血劑類相關藥物，以預防血管阻塞，大仁醫森在實施腹部抽脂手術前，就有義務詢問陳董是否有服用抗血小板藥物或抗凝血劑，而且有義務告訴陳董應該停止服用這些藥物，以免在手術中出血時，無法有效止血，而造成陳董的生命危險。」

② **醫師沒有詳細問診，導致病患失血休克**

「大仁醫森在手術前，明明知道陳董曾經接受心導管治療，卻沒有詳細問診，也沒有了解陳董是否有在服用抗凝血藥物，就貿然施行手術，導致陳董在手術中，因為失血造成休克，緊急轉送大醫院，而讓陳董的身體健康受到傷害。」

③ **被告醫師未出庭、未提書狀，視同自認**

「大仁醫森對於陳董所主張的事實，在法院通知之後，仍沒有出庭，也沒有提出準備書狀解釋，所以依照民事訴訟法第280條第3項準用第1項規定，視同自認。」

最後法院的判決結果，認為大仁醫森術前沒有詢問病人的用藥狀況，應該賠償陳董手術費用7萬元，以及精神賠償150萬元。

這題答案是（A）

藥物史很重要，沒有瞭解藥物史就開刀，算是違反醫療常規

參考判決：臺灣高等法院 103 年醫上字第 34 號民事判決

Dr. 大仁哥碎碎唸

這次的案例，醫師被告上法庭之後，沒有出庭也沒有寫書狀答辯，最後法官認同病家的主張，判決大仁醫森應該賠償病人。因此想跟大家分享兩件事：

1　**術前評估一定要詢問過去病史以及藥物史，這些都是「醫療常規」。**

2　民事訴訟中，**如果被告對於原告的主張沒有表示意見，那就是「自認」；如果被告不出庭、也不寫書狀解釋，也一樣視同「自認」。**這個訴訟中，既然大仁醫森沒有出庭、也沒有提書狀解釋，視同醫師「自認」，那案子就成立了，接下來，法官就只剩判多判少的考量而已。

重點小提醒 ‿⋀⋀⋀

過去病史、藥物服用史都很重要，手術前一定要問哦！

從案例
學醫療知識

心導管手術與抗血小板藥物

前面我們提到了心肌梗塞時，必須做**心導管手術**，疏通心臟冠狀動脈，而疏通後，心臟科醫師常常會在心臟冠狀動脈最狹窄的地方置放**血管支架**，以保持冠狀動脈血管暢通。

然而支架雖然放進去了，但後續卻可能發生「**支架內血栓**」而讓支架阻塞，因此，術後仍必須服用至少兩種的**抗血小板藥物**，才能降低支架阻塞的機會。

一般傳統支架半年內的再阻塞率是三成，但是如果願意**使用自費的塗藥支架，可以把阻塞率降至一成左右**，但不管採用什麼支架，術後都必須繼續服用抗血小板藥物才行。

抗血小板藥物雖然可以避免血管阻塞，但另一方面卻也會增加出血情形，這個案例中，就是手術前沒有停止抗血小板藥物，而使得手術過程持續出血。因此如果有在服用抗血小板藥物或抗凝血藥物，又必須要開刀時，一定要事先跟醫師討論，確認應該先停藥多久，才能開刀，這樣才可以保障自己的手術安全！

腰椎術後雙腳癱瘓，醫師有刑事責任？

案例

Tony 正值該賺錢養家的中壯年，然而他卻長期背痛，而且疼痛還延伸至右下肢，非常苦惱。Tony 經過復健科治療後，背痛情況仍然無法改善。

這次他找到了神經外科名醫大仁醫森。

大仁醫森安排 MRI 磁振造影後，發現 Tony 是腰椎第 1 到第 4 節狹窄，而且合併神經壓迫，所以大仁醫森為 Tony 安排住院，並實施腰椎手術，希望能好好解決 Tony 的狀況。

4 節腰椎手術可是大手術，手術當天開了 7 個小時才完成。

沒想到術後當天晚上，Tony 卻覺得雙腳無力（術前雙腳肌力是滿分 5 分、術後肌力卻只剩 2 分，2 分只能勉強在床上水平移動）。

大仁醫森認為，是因為術中血壓偏低，導致脊椎缺血，才引起麻痺，所以決定使用類固醇藥物來治療。

一星期後 Tony 症狀並未改善，因此大仁醫森再度為 Tony 安排 MRI 檢查。

「都過了一星期，我怎麼還是雙腳無力、站不起來？」Tony 對大仁醫森提出疑問。

「沒什麼大礙的，只要再繼續吃藥及復健就可以了！」大仁醫森仔細看過再次檢查的 MRI，對 Tony 這麼說。

Tony 不放心，隔天再詢問院內其他神經外科醫師。沒想到，醫院高層卻與後來的神經外科醫師一起向 Tony 解釋，說 Tony 的情況必須再度進行緊急手術。

這次再開完刀後，才發現原來 Tony 的腰椎已經有大量的脊椎外血腫，還造成了馬尾神經根壓迫，讓 Tony 有術後無力的症狀。

Tony 雖然再次開刀清除血塊，但雙下肢肌力卻已無法再回復，領了殘障證明。

檢察官因此對大仁醫森以業務過失傷害罪的罪嫌起訴。

➕ 檢察官主張

大仁醫森延誤處理 Tony 的狀況，才造成 Tony 下肢肌力喪失、肢體障礙，因此有醫療疏失。

➕ 醫師主張

「問題是出在另一位醫師開的第二次的手術！原本照我的方法治療，病人雙腿力量已慢慢恢復，結果後來那第二次手術卻讓 Tony 變得更無力了！」大仁醫森這樣對法官說。

您認為呢？

你覺得大仁醫森有沒有刑事上醫療過失呢？為什麼？（單選）

（A）有過失，主要是因為開刀失敗，讓病人併發馬尾症候群。
（B）有過失，主要是因為病人術後雙腳無力，卻未積極查明原因。
（C）沒過失，脊椎外血腫或馬尾神經根壓迫，都是脊椎手術可能併發症，且手術同意書都有寫這些風險。
（D）沒過失，大仁醫森的開刀過程或術後處置都符合醫療常規。

🔍 法院判決這麼說

① 當病人神經功能惡化時，應該儘早安排後續檢查

「本件大仁醫森在為病人施行第一次手術後，已經知道病人的雙下肢肌力沒有回復到手術前的狀況，大仁醫森既然身為專業

的神經外科醫師，本來就該注意，當病人神經功能惡化的時候，應儘早安排腰椎電腦斷層掃描或磁振造影檢查，才能了解雙下肢無力的原因，以利後續治療。」

② **醫師顯然延誤病人接受適當治療之時機，違反醫療常規**

「但是依照大仁醫森的專業知識以及當時的狀況，在 3 月 12 日對病人施行第一次手術後，竟然疏忽注意，而沒有及時加以處置，直到病人家屬尋求其他醫師處置，才在 3 月 19、20 日由醫院安排影像檢查，並且在 21 日，由另一位醫師為 Tony 施行第二次手術，大仁醫森顯然已經延誤病人接受適當醫療處置的時機，非常明確有違反醫療常規的過失行為。」

法院最後判決大仁醫森延誤病人接受治療的時機，違反醫療常規而有過失。處有期徒刑 10 個月，緩刑三年。

這題答案是（B）

有過失，主要是因為病人術後雙腳無力，卻沒有積極去查明原因

參考判決：臺灣高等法院臺中分院 107 年度醫上易字第 119 號判決

腰椎術後卻雙腳癱瘓？醫師被判刑的原因是？

腰椎術後
雙腳癱瘓

發生併發症？ → 手術風險難以避免
沒有違反醫療常規

未及時處置？ → 延誤病人檢查時機
違反醫療常規！

Dr. 大仁哥碎碎唸

　　這個案例法官要求的並不是「不能發生併發症」，如同鑑定報告裡說的：手術風險難以避免，故手術並無不當、也無疏失。

　　但是鑑定報告卻指出「臨床上，有神經功能惡化及影像有異常發現時，應該及時排除可能的原因」、「本案醫師沒有及時加以處置，似乎有違反醫療常規」。

　　因此**法院的判決著重在「當神經功能惡化的時候，應該儘早安排腰椎電腦斷層掃描或磁振造影檢查，用來了解雙下肢無力的原因，以利後續治療。」**

　　大仁醫森被認為違反醫療常規的原因是病人雙下肢無力後，卻沒有及時處理，因此**病人術後若發生併發症，一定要積極地去處理才行。**

重點小提醒 ⎍⎍⎍

　　手術後一定要密切注意病人的術後狀況，病人如果有發生併發症，一定要積極處置哦！

肌力評估

這個案例講到了肌力評估，**肌力評估**常用於中風或神經異常的病人，我們這裡就來認識一下肌力評估：

肌力評估最差為 0 分、最高則是正常的 5 分，評估如下：

肌力分數	定義	簡易評估方式
0	肌肉完全沒有任何收縮	肢體完全沒有反應
1	肌肉能輕微收縮，但無法帶動關節活動	手腳的局部肌肉可收縮，但仍然無法活動
2	無重力下可做關節活動	手腳在床上可以水平移動
3	可抗重力下做關節活動	可以將手腳舉離床上，但無法對抗阻力
4	可抗重力及抗阻力做關節活動	手腳活動可以對抗阻力，但不到正常那麼好
5	正常活動	完全正常

年輕的住院醫師執行醫療處置，發生併發症誰要負責任？

💙 **案例**

老胡因為十二指腸壺腹癌開刀，術後必須接受中央靜脈導管置入術，也就是從頸部放個軟針，提供病人的營養或輸液使用。

這次負責執行的年輕住院醫師小蔡，才剛到醫院服務幾個月，過程中小蔡嘗試多次仍然不順利，導致老胡後來有胸痛、呼吸困難的症狀，但小蔡醫師為老胡安排 X 光檢查後，並沒有發現異樣、也沒有發現任何的併發症情形。

「報告主治醫師，剛才我幫老胡放置中央靜脈導管後，老胡有胸痛跟呼吸困難的情形，但我照了 X 光後，倒沒發現有什麼異常。」

小蔡向主治醫師大仁醫森報告這件事，大仁醫森看了 X 光，也確認老胡並沒有發生併發症，大仁醫森查房時，跟老胡解釋後，這時也已經晚上六、七點了。

「你再多注意老胡的狀況吧！」大仁醫森向小蔡交代要多注意老胡的狀況，接著就下班了。

當天晚上，老胡仍然持續胸痛不舒服，雖然小蔡醫師在兩個小時內，陸陸續續進病房探視老胡 10 次，但老胡仍持續胸痛不止。後來老胡發生血壓下降、肋膜積液產生血胸、休克，最後不幸身亡。

因此檢察官以業務過失致死罪，將年輕的住院醫師小蔡與主治醫師大仁醫森，雙雙起訴。

➕ 檢察官主張

小蔡醫師在靜脈導管置放的過程中，嘗試太多次，置放失敗才導致老胡出現併發症，出現併發症後也沒有積極處理。

大仁醫森則是術中沒有從旁監督、術後沒有掌握病人狀況，才讓老胡最後不幸身亡，因此小蔡醫師與大仁醫森都有醫療疏失。

➕ 醫師主張

「雖然置放的過程不順利，但置放中央靜脈導管，本來就無法保證百分百成功，但我術後已經很注意老胡的狀況，2 個小時內我看了他 10 次，有錄影為證，並沒有「不處理病患」的情況，請法官明察秋毫！」小蔡這麼解釋。

大仁醫森則是說：「我已經交代小蔡醫師要好好注意老胡的狀況，而下班後就再也沒人跟我說老胡出了狀況，所以之後發生的事我就不清楚了。」

如果您是法官，您覺得住院醫師及主治醫師，誰該負刑事過失致死之刑事責任呢？（A）、（B）二選一；（C）、（D）二選一，還記得我們前面提過的刑法觀念嗎？記得選完再看結果哦！）

（A）住院醫師無罪，因為已經看了 10 次，有盡注意義務。

（B）住院醫師有罪，因為怠乎職守，沒檢查出病人出現併發症。

（C）主治醫師無罪，因為那是住院醫師的責任，跟主治醫師沒有關係。

（D）主治醫師有罪，因為沒有盡到督導住院醫師的責任。

醫療鑑定怎麼看

① 嘗試多次才成功，並不算違反醫療常規，就算主治醫師也無法 100% 成功

「中央靜脈導管置放術中，醫師如果有『嘗試多次』的情形，並不算違反醫療常規；中央靜脈導管置放術，如果有資深醫師在旁協助指導或由資深醫師自行放置，可能可以減少『嘗試多次』放置的行為，但就算資深醫師自行置放，也無法保證一次就可以成功，無法完全避免『嘗試多次』之情形。」

② 住院醫師沒有及早尋求協助，則是有疏失

「依照住院醫師說的，中央靜脈導管置放方式，符合醫療常規。另外施行左頸中央靜脈導管置放術，嘗試多次，造成血胸併

發症，如果沒有及早尋求資深醫師的協助指導，避免這不幸後果發生，則不能說沒有疏失。」

🔍 法院判決這麼說

① 住院醫師沒有及早尋求資深醫師的協助，有醫療過失

「被告住院醫師小蔡在施作手術後，雖然有多次進入病房，了解老胡胸痛等身體不適的情形，但因為經驗不足，無法判定造成老胡胸痛的原因，可能是先前手術過程中插破老胡的血管，而造成血胸的併發症，也疏忽沒有去注意應該儘早尋求資深醫師的協助及指導，導致延誤被害人的病情，住院醫師小蔡這部分的處置，有過失。」

② 雖然一再進出病房，但仍然無解，應該負過失致死的責任

「住院醫師小蔡，對於老胡因為被插破血管而在體內造成血胸併發症的處置，已經不知所措而無法好好處理時，應該立即尋求資深醫師的協助指導，而小蔡竟然沒有這麼做，就算他有一再進出病房處置病患，想要控制病患病情惡化的事實，但仍然無解於他應該負起業務過失致死的責任。」

③ 主治醫師並沒有違反醫療常規，而且已經交代住院醫師多注意病人情況，沒有過失

「對於中央靜脈導管置放術後，發生血胸的症狀，依照目前醫師教育訓練及國家考試等，是住院醫師應該知道的醫學知識，並不是必須經由資深醫師告知才能知道的，被告大仁醫森描述他當日了解老胡病況後，有交代當天的值班醫師小蔡，持續追蹤老

胡的病狀發展、注意生命徵象等情形,而且他交代住院醫師小蔡的處理,並沒有不當。」

「主治醫師大仁醫森既然有交待住院醫師積極追蹤老胡,觀察老胡是否有持續胸痛、呼吸困難及生命徵象等是否有改變,以便及早發現並加以處理,他做的已經符合醫療常規的要求。身為主治醫師的大仁醫森,因為信任他底下受過專業訓練的住院醫師應該有這能力,或者相信在住院醫師發現能力無法應付的狀況時,會適時通知主治醫師的情形下,大仁醫森才會在交代後離開醫院,因此不能認定大仁醫森的行為有過失。」

最後法院判決:年輕的住院醫師小蔡成立業務過失致死罪,處有期徒刑 2 個月,可易科罰金。主治醫師大仁醫森則是沒有醫療過失、無罪。

這題答案是(B)和(C)

(B)住院醫師有罪,因為怠乎職守,沒檢查出病人出現血胸併發症

(C)主治醫師無罪,因為那是住院醫師的責任,跟主治醫師沒有關係

參考判決:臺灣高等法院刑事判決 100 年度醫上訴字第 8 號判決

Dr. 大仁哥碎碎唸

我們常以為醫療行為如果「嘗試多次」，就會被法院認為是過失，在這個案例中鑑定報告說：「中央靜脈導管置放術中，醫師如果有『嘗試多次』的情形，並沒有違反醫療常規。」法院也認為這部分沒有過失。

法官認為**住院醫師的過失其實是在發生併發症後，如果處理不來，就應該尋求資深醫師協助**，但小蔡卻沒有這麼做。還記得我們前面有說過，遇到處理不來的狀況，一定要請求支援吧？

而住院醫師出事了，主治醫師是不是一定會扛責任？這個案例最後主治醫師是沒有責任的，一來是因為法官認為，血胸等併發症是住院醫師自己就該知道的，並不是主治醫師才有能力處理；二來住院醫師小蔡也沒有通知主治醫師協助，所以主治醫師沒有醫療過失。

最後是住院醫師小蔡自己要扛責任。

重點小提醒 〜〰〰〜

執行醫療行為時，如果遇到狀況掌握不來，一定要尋求資深醫師支援協助，而不是自己硬著頭皮處理哦。

中央靜脈導管置放術

一般的點滴是從周邊靜脈打針，也就是手臂或四肢的靜脈下針，但這些靜脈比較小條，針頭及點滴管徑也比較小。

然而有時候我們必須用大管徑的輸液管路，例如休克的病人須快速輸液拉升血壓、或者高濃度的藥物從周邊靜脈下針，容易導致疼痛或血管發炎，這時就得從「中央靜脈」打上點滴，於是就必須實施「**中央靜脈導管**」（Central venous catheter，**簡稱 CVC**）置放術。

中央靜脈導管一般使用的靜脈是頸靜脈、鎖骨下靜脈或股靜脈，這些靜脈都很大條，配合導管本身的大管徑，可以更快速、有效又安全地給予病人藥物。

然而，大條的靜脈有好處也會有壞處，血管越大條的風險，就是置放的過程中，萬一發生出血的併發症時，少數病人會大出血而具有危險性。像本案例的病人就是因為產生胸腔出血的併發症，最後才不幸死亡。

因此**置放的過程不僅要小心，置放後也必須多注意病人是否發生併發症才行。**

中央靜脈導管置放術

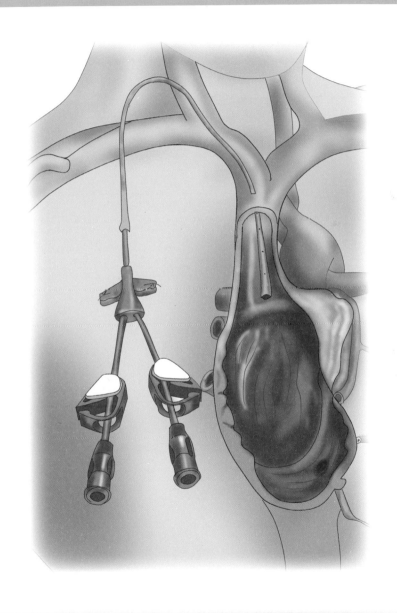

年輕的住院醫師執行醫療處置，發生併發症誰要負責任？

護理師不小心將新生兒燙傷？是否有過失？

♥ 案例

波妞是剛出生三星期的小女孩，出生後跟媽媽一起住進了產後護理之家。

這一天護理師愛莉在照顧波妞時，本來打算用吹風機，把波妞的臀部烘乾，結果沒想到竟然吹烘過度，造成波妞兩側臀部、大腿及生殖器周圍都大面積燙傷。

愛莉發現情況不對後，馬上通知護理之家的負責護理長協助處理，此時護理長見苗頭不對，馬上要求其他護理師們，拿冰塊放入水盆，將波妞浸入冰水盆，冰敷冷卻。

後來護理之家再將波妞送醫，但已經造成波妞有 10% 的二度燙傷。

➕ 檢察官主張

　　愛莉用吹風機吹烘波妞的臀部時，竟然沒有注意吹烘的時間，導致波妞兩側臀部、大腿、生殖器都受到大面積燙傷，有過失傷害的嫌疑。

您認為呢？

愛莉不小心將波妞的臀部燙傷，會成立過失傷害罪嗎？（單選）

（A）醫療行為總是有風險，這是醫療行為容許的風險，不算過失傷害。

（B）護理師應該小心謹慎，不讓嬰兒燙傷，因此護理師成立過失傷害罪。

🔍 法院判決這麼說

護理師有明顯過失，應該負過失傷害的罪責：

　　「愛莉是月子中心的護理師，負責照護嬰兒室內的嬰兒，而新生兒的照顧，本來就應該以專業的注意程度小心處理，而且依照愛莉的智識程度，應該知道嬰兒的臀部皮膚脆弱，吹風機的熱風容易導致嬰兒臀部的皮膚燙傷，所以應該採取必要的安全防護措施，來防止波妞燙傷，而依照當時的情況，並沒有不能注意的情形，愛莉竟然疏忽沒去注意到吹風機的吹烘方式及時間，導致波妞受傷，明確有過失。波妞也因為護理師愛莉使用吹風機的不

小心，遭受到兩側臀部、大腿、生殖器，佔總體表面積 10% 的二度燒燙傷，與愛莉的過失有相當因果關係，愛莉應該要負起過失傷害的罪責。」

法院最後判決愛莉有刑事業務過失，判有期徒刑 4 個月（可易科罰金），而且民事部分也要賠償 70 萬元。

這題答案是（B）

護理師應該小心謹慎，不讓嬰兒燙傷，因此護理師成立過失傷害罪

參考判決：臺灣高等法院臺南分院 107 年度醫上易字第 361 號判決

Dr.大仁哥碎碎唸

這個故事中，護理師不小心用吹風機讓新生兒燙傷，由於過失明確、當事人自己也承認犯錯，所以毫無懸念，法院判決成立刑事過失傷害及民事賠償，另外，**除了護理師本人有過失以外，護理之家也是要負民事上的連帶賠償責任。**

重點小提醒

照顧病人一定要很小心謹慎，避免意外的發生哦！

從案例
學醫療知識

燙傷的處理

這一篇我們來幫大家複習一下燙傷該怎麼處理，處理燙傷的口訣是「沖、脫、泡、蓋、送」。

沖	脫	泡	蓋	送

用流動的冷水沖 15~30 分鐘，直到不會痛為止。	在水中脫下衣物。	持續浸泡在冷水中 15 分鐘。	覆蓋乾淨紗布或毛巾。	送醫處理。

我們在急診處理燒燙傷患者時，常常會看到很多患者處理方式錯誤，這裡幫大家整理一下常見錯誤，以及應該怎麼做才對：

錯誤方式	正確方式	為什麼？
燙傷馬上衝醫院處理	應該先沖冷水 30 分鐘後，再送醫院	燙傷後，最重要的是趕快把組織的熱能帶走。因此快速沖水是最重要的，如果為了趕快到醫院而延誤沖水，反而熱能將一直侵蝕皮膚組織，將造成更大傷害。
燙傷後浸冰水	應該沖冷水，而不是浸冰水	用流動冷水沖水的效果，比浸冰水好，而且冰水可能會因為溫度過低，導致皮膚凍傷。
燙傷後馬上塗藥膏	應該沖冷水，而不是塗藥膏	馬上塗藥膏會使得熱氣更無法揮發，熱能將持續對深層皮膚造成傷害。

所以，千萬要記得燙傷後最重要的是**保持冷靜、持續沖冷水**哦！

口腔潰瘍需要轉診？
沒轉診延誤病情算醫療過失嗎？

💙 案例

小愛雖然已經 66 歲，但人還非常健朗，就只差在這一口牙實在退化得早，不得不在大仁醫森的牙醫診所，進行一系列的療程，並安裝固定式假牙。

小愛在這一年的 4 月時，完成了上下顎的假牙套戴，隔週覺得舌頭疼痛，似乎是假牙刺傷了舌頭，但大仁醫森剛好因故休診兩個月，大仁醫森請小愛先去其他診所處理。

7 月大仁醫森回復門診時，除了繼續小愛的牙齒療程外，還發現原來小愛舌頭左下緣有潰瘍，大仁醫森用優碘處理傷口後，記錄在病歷上追蹤。接下來三個月，大仁醫森又完成了小愛的齲齒填補、全口洗牙及固定假牙製作與調整，但小愛的舌頭潰瘍似乎沒有改善。

到了 11、12 月，因為舌頭潰瘍還沒好，於是大仁醫森建議小愛暫時先不要配戴活動式假牙。隔年 1 月，因為小愛的舌頭潰瘍仍

然沒有改善，大仁醫森終於將小愛轉診至大醫院做進一步檢查。

沒想到，小愛在大醫院檢查後卻發現是舌癌第四期，必須接受手術開刀，開完刀後小愛喪失了舌頭，說話及味覺能力再也無法回復。於是小愛向法院提告，要求大仁醫森負責。

➕ 檢察官主張

大仁醫森應該注意到小愛舌頭下緣部位潰瘍沒有改善，有舌癌的可能，並應盡快建議小愛轉診到相關專科就診，但大仁醫森卻疏忽注意，沒有建議轉診。

➕ 醫師主張

小愛口腔內的情況很嚴重，有蛀牙、缺牙、嚴重的牙床萎縮等情形，因此製作假牙的難度相對非常高，調整假牙也必須耗費很多時間，後來他也有建議小愛要去找口腔外科醫師，並沒有延誤的情形。

您認為呢？

你覺得小愛得了舌癌喪失說話及味覺能力，大仁醫森有責任嗎？（單選）

（A）大仁醫森已經盡了轉診責任，沒有醫療過失。

（B）大仁醫森沒有盡到轉診責任，除了有醫療過失，還成立刑法過失重傷害罪。

🔍 醫療鑑定怎麼看

① 口腔潰瘍通常 1-2 週左右可以痊癒

「口腔潰瘍雖然有復發性，但也有自癒性，通常在 1 到 2 週左右，就可以自行痊癒。一般口腔內的傷口，如果移除外在刺激，超過 2 週仍沒有改善，就有可能是惡性病變，為了避免耽誤病情，應該建議轉診到相關專科就診，才符合醫療常規。」

② 66 歲病人建議可觀察 2-3 週

「病人當時年齡是 66 歲，建議觀察期可以是 2 週到 3 週。口腔內的傷口，如果醫師觀察超過 2 個半月才作處置，則不符合醫療常規或合理的臨床專業裁量。」

③ 大仁醫森對病人的處置，並不符合醫療常規

「病人接受切除手術時，舌部惡性腫瘤大小是 3.5 x 2 x 2 公分，且合併雙側頸部的淋巴轉移，已經是舌癌第四期，顯示舌部惡性腫瘤的進展，並不是在近期數週內發生的。大仁醫森對病人的處置，並沒有符合一般的醫療常規。」

🔍 法院判決這麼說

法院判決大仁醫森延誤轉診，有醫療疏失：

① 大仁醫森明顯有延誤的疏失

「大仁醫森從執業至今已經超過 30 年，大仁醫森自己也說，以他的醫療經驗，並沒有在製作假牙或裝設過程中，曾造成潰瘍

的情形，因此更應該高度懷疑小愛舌頭潰瘍的情形，並不是假牙所導致，而是其他疾病所產生。」

「大仁醫森從 7 月 5 日就記載小愛舌頭有潰瘍，從那天到 11 月 2 日間，小愛舌頭一直都有發炎的現象，大仁醫森到 11 月 2 日時，發現小愛左側舌緣潰瘍不太對勁，而且大仁醫森認為固定假牙沒有問題，可以修的都修了，把可以排除的外在刺激都已經去除，卻沒有積極將病人小愛轉診，反而只有在潰瘍處塗抹優碘，並持續為小愛看診並調整活動假牙 7 次，這之間也沒再向小愛建議轉診，到了第 8 次，也就是隔年的 1 月 12 日才轉診，不僅早就超過鑑定書所說的 2 到 3 週，也超過大仁醫森自己說他認為的 1 個月合理期間，因此明顯有延誤的疏失。」

② **大仁醫森已違反醫療常規，有醫療過失**

「被告大仁醫森本來應該在病人舌頭潰瘍超過 2 到 3 週還沒好時，就將病人轉診；而依照大仁醫森專業知識以及當時的狀況，並沒有不能注意的情形，但竟然疏於注意，大仁醫森在 7 月 5 日就發現病人舌頭左下緣有潰瘍，也承認在 11 月 2 日已經移除所有外在刺激，卻遲到隔年 1 月 12 日才將病人轉診，大仁醫森顯然已經延誤病人接受適當醫療處置的時機，違反醫療常規及合理臨床專業裁量的過失行為，非常明確。」

最後法院認為大仁醫森犯了業務過失傷害致人重傷罪，處有期徒刑 3 個月，可易科罰金。

這題答案是（B）

大仁醫森沒有盡到轉診責任，除了有醫療過失，還成立刑法業務過失重傷害罪

參考判決：臺灣高等法院臺中分院 109 年度醫上易字第 743 號判決

Dr.大仁哥碎碎唸

　　口腔潰瘍多久沒好時，必須懷疑癌症病變？這「小事」醫師們應該都學過，但可能因為是「小事」，而被醫師忽略、忘記了。這次的病人就是因為長期的口腔潰瘍沒好，最後被確診為舌癌的案例。醫師最後被認為沒有盡到注意義務而「違反醫療常規」，成立刑法過失重傷害。

重點小提醒 ～∧∧∧

遇到口腔潰瘍一直沒有好轉時，一定要想起癌變的可能性，必須轉診大醫院做進一步檢查。

從案例
學醫療知識

口腔潰瘍

　　口腔潰瘍，也就是俗稱的「**嘴破**」，一般大約 2 週內就會癒合改善，通常不用擔心。

　　然而口腔潰瘍也是口腔癌的初期表現，因此**若是潰瘍一直沒好，就必須到醫院檢查、甚至切片進行顯微鏡病理化驗，確認有沒有癌症病變。**

　　因此口腔潰瘍雖然是常見的小病，但也可能是癌症的初期表現，因此如果口腔潰瘍超過 2 週沒好時，千萬不要只是自己塗藥膏而已，而是一定要到大醫院深入檢查！

口腔癌變徵兆有哪些？

潰瘍兩週沒好　　異常紅斑白斑　　不明突起腫塊　　臉型腫脹不對稱

167

Part 3 增進病人與醫療人員安全、降低經營風險、
減少法律損失

主管該知道的
醫院管理

單元說明

醫療品質的改善常常需要醫院主管高層的政策介入，這個單元主要是針對醫院的管理階層，藉由曾經發生過的案例，來提醒醫院主管該注意的環節，才可以從醫院管理的層級制定作業流程，來保護病人、保護醫療人員，同時也降低經營風險，減少自身的法律損失。

醫院管理階層除了必須加強宣導前面兩個單元：告知說明（同意書）及醫療常規以外，還有更多行政層面的規範，例如感染控制、兩性關係、醫療器材、醫療暴力……等等，在這個單元裡，將有更多案例，與大家分享這些行政規範可能會遇到的法律狀況。

讓我們一起從醫院管理的角度來增進病人與醫療人員安全吧！

護理師上班時被病家性騷擾，誰該負責任？

 案例

護理師 Cathy 在醫院內照顧病患老蔡時，老蔡的兒子小蔡趁 Cathy 不注意，故意摸了好幾下 Cathy 的大腿。Cathy 因為還有其他病人要照顧，當下只能先忍耐，但已經造成 Cathy 的驚嚇與身心受創，還導致 Cathy 憂鬱症復發。

Cathy 後來向醫院通報性騷擾事件，沒想到醫院卻認為這是誤會一場，希望 Cathy 不要跟病患家屬發生衝突，還希望 Cathy 能與小蔡和解。

Cathy 認為醫院沒有積極處理這性騷擾案件，所以向法院提告，要求醫院賠償。

➕ 護理師主張

　　醫院知道性騷擾事件後，並沒有按照性別工作平等法的規定，採取立即有效的補救措施，沒有盡到雇主保護義務，因此必須跟小蔡一起負賠償責任。

➕ 醫院主張

　　院長接到呈報就有立即指示相關單位詳細調查，並成立關懷調查小組，有關心 Cathy 的生理及心理狀況，已經有善盡處理性騷擾事件的責任，醫院並沒有疏忽或過失。

您認為呢？

　　護理師被病患家屬性騷擾，您認為誰該負賠償責任？ （單選）

（A）醫院。
（B）病患家屬。
（C）病患家屬跟醫院都要負賠償責任。
（D）摸大腿不是性騷擾，病患家屬及醫院都不用負賠償責任。

🔍 法院判決這麼說

① 雇主跟性騷擾行為人，要負連帶賠償責任，除非雇主能證明已盡力防範

「性別工作平等法第 27 條第 1 項的立法理由說：雇主違反工作場所性騷擾的規範時，應該與性騷擾的行為人，連帶負賠償責任。但為了避免雇主的責任過重，特別增列雇主的免責規定。所以醫院為了免除賠償責任，應該要證明醫院已經遵行法律所規定的各種防治性騷擾的規定，而且對事情的發生已經盡力防止，卻仍然發生，才可以主張免責。」

② 被告醫院並沒有在各個具體場所張貼公布防止性騷擾的資訊

「醫院雖然主張已經依照規定，制訂院內的『性騷擾防治辦法』，而且定期舉辦性別及性騷擾宣導教育訓練課程。但醫院的『性騷擾防治辦法』揭示的途徑，只在院內的電子郵件系統、電子公佈欄、以及文件管理系統中才可以查知，並沒有在醫院內各個具體場所張貼、公布甚至印發，如此一來，偶爾到院就醫的病患或病患家屬，能否在醫院大廳、甚至各個科室知道這些內容，就存有疑問。」

「而且醫院所提出的歷來教育訓練課程清單，在這性騷擾事件之前，有關性騷擾的議題，2 年來只有 3 天曾舉辦相關課程，而且同樣沒有見到有對不特定的對象進行宣導。此外，也從來沒看過有任何對外預防性騷擾的措施。因此，對於需要不斷接觸病患或病患家屬的醫護人員來說，並沒有任何預防來自外部人士性騷擾的具體措施。」

③ 雇主應該一再宣導防範性騷擾，讓不特定人都可以接受此資訊

「性別工作平等法第 27 條第 1 項規定，並不是要求雇主防範全部性騷擾事件的發生。但重點在於：雇主對於預防性騷擾事件的發生，是否已經盡力做了防範措施？如果職場是雇主可以掌控、而且屬於開放空間、員工也隨時會跟不特定人士接觸的話，雇主應該要思考如何預防，或者至少應該要一再地宣導及防範性騷擾，讓不特定的外部人士，都可以比較容易接受到這些資訊，而不是只有院內電子系統或久久一次的教育訓練。」

最後的判決結果，法院認為醫院與性騷擾者小蔡必須負連帶賠償責任，一起賠 Cathy 共 22 萬元。

這題答案是（C）

病患家屬跟醫院都要負賠償責任

參考判決：臺灣高等法院 108 年度上字第 1126 號判決

Dr. 大仁哥碎碎唸

兩性關係一直都是法律上被特別保護的，因此性別工作平等法規範：**雇主與性騷擾行為人負連帶賠償責任**。（白話文就是：員工被隔壁老王性騷擾了，老闆要跟老王一起負責。）

會這麼規定的目的，就是希望老闆必須盡力去防範工作場所內

發生性騷擾的行為，而如果老闆該做的防範措施都做了，才不用跟隔壁老王一起負責。

　　怎麼樣才叫「該做的都有做」、「有盡力去防止」？法院要求：**除了要定期舉辦兩性教育、性騷擾防範課程以外，還必須要在各個公開場所，公布張貼或發放宣導海報**，才可以讓開放空間裡的路人（法律用語為「不特定人」）都知道。

　　法律上規範工作環境不能有性騷擾行為，而不是規定「誰」不能做性騷擾，也就是說，**不管是病人、家屬、路人、或隔壁老王，在醫院裡有性騷擾的行為時，醫院都有責任去防範才行。**

　　不過，這些防範措施的舉證責任是在醫院身上，所以醫院必須提出證據，證明自己已經到處張貼及宣導性騷擾防治，才不用跟隔壁老王一起負責。

重點小提醒

醫院管理階層必須要盡力去防範性騷擾的發生（舉行課程、貼海報、宣傳防範），不然的話，醫院可是要一起連帶負責賠償的哦！

從案例
學法律知識

關於性騷擾

性騷擾在法律上的定義是：（性騷擾防治法第 2 條）性侵害犯罪以外，對他人實施違反意願而與性或性別有關的行為，且具有下列的情形之一：

1　用該他人的順服或拒絕該行為，作為獲得、喪失或減損與工作、教育、訓練、服務、計畫、活動有關權益的條件。
2　用展示或播送文字、圖畫、聲音、影像或其他物品的方式，或用歧視、侮辱的言行，或以他法，而有損害他人人格尊嚴，或造成使人心生畏怖、感受敵意或冒犯的情境，或不當影響其工作、教育、訓練、服務、計畫、活動或正常生活之進行。

　　所以只要是動作、言語、甚至黃色笑話、照片圖畫……等等，讓人損害人格尊嚴、感受到冒犯，而影響到工作或活動的進行，都可能會成立性騷擾。

　　而發生性騷擾事件後，除了行為人有責任要賠償外，機構單位如果事前沒有積極防止、事後也沒有積極處理，一樣是要負責的。

　　因此，如果不幸在工作場所遭受到性騷擾，一定要勇於發聲，不要讓自己的權利睡著了！

用烘被機幫病人保暖，是否符合醫療常規？

💙 案例

Ariel 是一位 27 歲平面小模，這次她到診所進行腹部抽脂手術。沒想到，手術後竟然發現小腿有個燒燙傷。雙方協調不成後，Ariel 一狀告上法院。

「腹部抽脂手術竟然會導致小腿燙傷？」Ariel 質疑。

「手術時病人因為發冷畏寒，我們有用機器幫她保暖，當時我正專心地進行手術，所以我有請護理師按照標準作業流程來處理，可能是因為護理師操作失誤，才造成這個情形。」大仁醫森向法官解釋。

「我是照醫師指示，用烘被機幫病人取暖，但這些都有照著標準作業流程，不知道是不是因為機器臨時故障、忽然過熱才會這樣，病患小腿燙傷並不是我造成的。」護理師莉莉無奈地說。

🔴 檢察官主張

大仁醫森是手術團隊的領導與決策者，應該注意病人的照護及手術房內相關設備儀器的安全性，以避免對病人造成危險；而且全身麻醉的病人因為失去知覺，而無法感受到傷害，所以為病人保溫時，更應該要避免病人燙傷。

而且烘被機並無法嚴密地監控溫度變化，並不是屬於衛生福利部審核通過的保暖醫療器材，如果使用在手術病人的保溫，並不符合醫療常規。

🔴 醫師主張

「是護理師操作失誤，並不是我的錯！」大仁醫森這麼說。

您認為呢？

您覺得 Ariel 接受抽脂手術卻被燙傷，醫師應該負責嗎？（單選）

（A）醫師要負責，因為醫師有責任監督病人安全。

（B）醫師不用負責，因為醫師當時的確專注在手術上，無法注意到病人小腿是否燙傷。

法院判決這麼說

① 使用烘被機保暖並不符合醫療常規

「醫療鑑定結果，認為一般而言，手術過程中為病人保溫的器具，有棉被、遠紅外線保溫毯或可以加熱的保溫毯，保溫毯是需要衛生福利部發給許可證的醫療器材；手術過程中如果遇到病人有預期外的低體溫，或產生發冷顫抖的狀態時，醫師可以囑咐護理人員幫病人覆蓋溫毯、或者給予加熱的靜脈輸液，來減輕病人的不舒服，大仁醫森指示保暖，符合醫療常規。」

「保暖行為是醫療輔助行為，但使用烘被機為病人保暖，並不符合醫療常規。因為烘被機並不屬於衛生福利部審核通過的保暖醫療用器材，一般手術室的保暖設備，可以嚴密監控溫度變化，以避免病人受到傷害，大仁醫森指示護理師使用烘被機為病人取暖，可能是造成本案病人受傷的原因；烘被機不屬於衛生福利部審核通過的保暖醫療用器材，使用在手術中病人低體溫的保溫用途，並不符合醫療常規。」

② 醫師指示護理師用烘被機保暖，有過失

「手術中發生意外事故，應屬於手術團隊整體的責任，至於是醫師還是護士的責任，則必須看是否有開立醫囑、如何執行醫囑、日常院內作業是否已經有規定、以及員工教育是否落實來判斷。病患手術中發生燙傷意外，外科兼麻醉醫師，並不能說沒有臨床監督的責任，大仁醫森在手術過程中，指示護理師用烘被機幫病人保暖，確實有過失。」

最後判決結果，法院認為大仁醫森成立業務過失傷害罪，處拘役 50 天，可易科罰金，緩刑兩年。（由於過失傷害罪是告訴乃論，

但這故事病人後來只對醫師提告、並沒有對護理師提告，所以護理師最後沒事。）

這題答案是（A）

醫師要負責，因為醫師有責任監督病人安全

參考判決：臺灣新北地方法院 104 年醫易字第 2 號刑事判決

Dr. 大仁哥碎碎唸

判決中提到，**手術時若發生意外事故，責任歸屬並不見得一定就是醫師要負責，而要視情況而定。**

這個故事中，負責鑑定的麻醉醫學會認為，醫師身兼手術醫師及麻醉醫師，有責任監督病人狀況，而法院最後同樣也是這麼認定。

醫師被認為有過失，其中還有一個重要原因，因為**烘被機根本不是衛福部審核通過的醫療器材**，因此用烘被機為病人保暖「違反醫療常規」，是會有害病人安全的。

重點小提醒

這個判決給我們的三個學習：

1 對於手術病人，醫師對病人安全，負有監督的責任。

2 病人的保暖須選用合格的醫療器材，才符合醫療常規。

3 若違反醫療常規而發生不幸結果，醫療人員就必須為結果負責。

醫療用的保暖器材

「**烤燈**」是醫院裡常用的保暖器材，但其正式名稱是：**保暖燈、保溫燈**，是通過衛福部認證許可的醫療器材，而這些保暖儀器都有使用規範，例如照射時間、照射距離等等，絕對不是任何的「烤燈」或加熱裝置，都可以拿來當加熱保暖儀器。

因此不管是醫院或診所，一定要記得，**保暖設備必須使用衛福部認證的醫療器材，並遵照使用規範才行**。

烤燈使用注意事項

核准器材

保持距離

適當時間

注意皮膚

闌尾炎未通知病人回診，卻發生不幸，誰負責？

❤ 案例

70歲的老葛因為胸痛、腹痛、冒冷汗到醫院的急診室，急診醫師大仁醫森擔心是致命的主動脈剝離，因此為老葛安排緊急的電腦斷層掃描檢查。

後來大仁醫森看完電腦斷層，確認老葛並沒有致命的「主動脈剝離」情形，於是大仁醫森將老葛留在急診觀察幾個小時後，就讓老葛出院。

但隔天老葛仍然下腹持續疼痛，沒想到再送到大醫院時，卻已經不幸身故。

後來法醫解剖結果，發現老葛是急性闌尾炎破裂合併腹膜炎，導致敗血性休克而死亡。

回過頭來再調查，竟然發現當時老葛在急診出院後沒多久，放射

科醫師就已經判讀出電腦斷層結果，發出了報告說老葛是「急性闌尾炎」。

於是家屬決定控告醫院，要求醫院負起賠償責任。

➕ 家屬主張

放射科醫師延誤發報告、急診醫師沒有看出斷層掃描是急性闌尾炎、發出報告後醫院也沒有及時召回病人，這些一連串的因素才導致老葛死亡。所以醫院應該賠償。

➕ 醫院主張

老葛並沒有典型急性闌尾炎的表現，而且老葛出院當時病情也穩定。另外急性闌尾炎並不是常規緊急通報的項目，醫院沒有違反醫療常規，並沒有疏失。

您認為呢？

您覺得急診醫師大仁醫森、放射科醫師、醫院，誰該負賠償責任？

（A）急診醫師沒診斷出急診闌尾炎，該負賠償責任。
（B）放射科醫師沒及時發出報告，該負賠償責任。
（C）醫院未連絡病患回診，該負賠償責任。
（D）醫院沒有違反醫療常規，急診醫師、放射科醫師、醫院都不用負賠償責任。

法院判決這麼說

① 急診醫師的醫療處置都符合醫療常規

「依照醫學研究的文獻報告，以急性腹痛為表現，到急診就診的病人，臨床上懷疑為急性闌尾炎而做急診 CT（斷層掃描）檢查，由放射科醫師及外科醫師初始判讀 CT 檢查結果的正確敏感性是 80%（按：敏感性 80% 的意思是 80% 判讀得出來、20% 判讀不出來），因此在病人不是典型病症的表現下，本案 2 位急診醫師都沒有診斷出急性闌尾炎，並不能說有醫療疏失，這符合一般醫療實務現象。」

「急診醫師在病人臨床表現是不典型的急性闌尾炎症狀下，無法一開始就判讀出電腦斷層攝影檢查結果是急性闌尾炎，依照一般情形，並不能強求急診醫師在第一時間做正確的判斷。而一般情形下，急診醫師大多會先自行判讀電腦斷層攝影檢查影像，如果對判讀結果有疑問時，則會請值班的放射科醫師協助判讀，但即使有進行詢問，也僅供參考，因為諮詢結果並不是正式報告。本案急診醫師的醫療處置，符合醫療常規。」

② 放射科醫師有符合醫療常規，也沒有遲延判讀檢查報告

「放射線醫學會認為：醫院急診室申請的『電腦斷層影像檢查單』如果記載『急照』二個字，則這影像檢查應快速完成，檢查完成的合理時間是 2 小時，製作報告的合理時間是 24 小時內；被告醫院內部所訂定『急診電腦斷層檢查開單後，必須於 2 小時內完成檢查……，不會每例個別電話告知結果』等規定，符合放射科的醫療常規；本案件電腦斷層攝影檢查完成時間及正式報告

完成時間都符合放射科的醫療常規，可證明放射科醫師並沒有延遲判讀電腦斷層報告的情形。」

③ 闌尾炎若發生破裂，將嚴重危及生命

「但符合這病人年齡、性別條件的病患，有高達96％的比例會在症狀發生後的48小時內，發生闌尾破裂，而且在短時間內會嚴重危及病患生命，此情形跟病人老葛在出院後1天，就因為盲腸炎破裂引發腹膜炎，造成敗血性休克而死亡的情形相符。」

④ 醫院如有緊急通報機制，還有機會及時治療病人

「醫院在病人離院後2小時左右，就已經由放射科醫師判讀出病人的電腦斷層檢查結果符合急性闌尾炎，如果有緊急的通報機制，通知主治醫師、急診醫師或家屬，還有機會召回病人，並及時治療病人的急性闌尾炎，這有醫審會的鑑定報告可當依據。」

　　法院後來認為醫院必須負起民事賠償責任，最後判醫院要賠165萬。

這題答案是（C）

醫院未連絡病患回診，該負賠償責任

參考判決：臺灣高等法院104年度醫上字第18號判決

Dr. 大仁哥碎碎唸

由於醫療的進步，急性闌尾炎已經是治療成功機率很高的疾病，也因此漸漸地被醫院及醫師認為是「小病」。目前大部分醫院都沒有「闌尾炎要通知病患回診」的慣例或規定。

然而此病患最後卻因闌尾炎破裂，導致腹膜炎、敗血性休克而死亡，這提醒了大家**千萬不要小看這些「小病」，再小的外科急症若沒處理，都仍然有可能導致嚴重感染而休克死亡。**

這個案例法院就認為：既然闌尾炎有休克死亡的風險，那就不是「小病」，而且病人後來的進展也符合病程在走，**如果醫院當時有及時通知病人回診，就有機會避免病人的死亡結果，**因此醫院應該負債務不履行的賠償責任才行。

重點小提醒

醫院應該要建立緊急通報機制，才能避免病人發生不幸。法律上會要求醫院應該做「正確」的事，而不只是「習慣」的事，因此「慣例上不用通知病人」並不代表這是對的，這點要請醫院管理階層多加注意。

急性闌尾炎

　　急性闌尾炎就是我們俗稱的**盲腸炎**，但闌尾跟盲腸其實不太一樣，闌尾是一條開口在盲腸上的管狀盲端組織，如果闌尾銜接盲腸的開口阻塞（常是糞石阻塞），就容易讓闌尾內部滋生細菌進而發炎。

　　闌尾炎一般典型的症狀是先上腹部不舒服、噁心想吐，像胃痛的表現，但隨著時間進展，會逐漸轉移到右下腹痛並且發燒。若沒及時處理，發炎的闌尾會逐漸腫漲破裂，破裂後，會繼而變成腹膜炎、敗血症，甚至休克死亡。相反地，如果急性闌尾炎有及時手術切除的話，最快甚至只要住院 3 天左右，就可以出院。

　　但闌尾炎症狀多變，病人的表現不見得會跟上述的典型表現相似，第一時間並不容易診斷，因此如果已經看過醫師、卻仍持續疼痛不適，則必須儘快回診，再讓醫師重新評估。

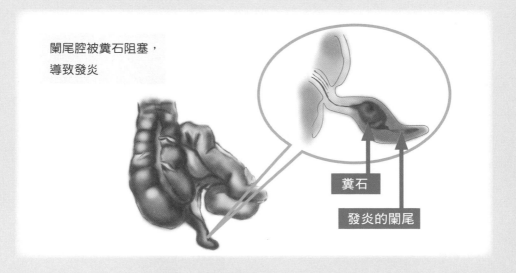

闌尾腔被糞石阻塞，
導致發炎

糞石

發炎的闌尾

病人術後
竟然從檢查機台摔落？

❤ 案例

阿美因為長期心跳過慢、呼吸易喘、人也虛弱，到大醫院檢查後才發現是心臟「完全性房室傳導阻礙」，大仁醫森建議要安裝心臟節律器，才可以有效改善阿美的狀況。

那天手術過程順利，大仁醫森放置完節律器後，走出導管室，跟阿美的家屬解釋：「手術十分成功，現在裡面在做最後的整理，阿美大約 10 分鐘後，就會出來，我想她只要再觀察幾天就可以出院了！」

話一說完，導管室內卻忽然傳出碰撞聲響及驚呼聲，沒想到竟然是阿美摔下檢查機台！阿美因此撞到頭導致腦出血，雖然醫院緊急幫阿美開刀清除血塊，但阿美仍然陷入昏迷。最後阿美在臥床幾個月後，不幸因為敗血症而死亡。

家屬質疑，當時技術員就是因為解開了阿美的手腳約束帶，又沒在旁注意，才導致阿美摔落機台。

技術員小徐則解釋，那天是因為阿美想咳痰，主動要求小徐解開約束帶，他才幫忙解開。而且他也有提醒意識清楚的阿美要小心、不能亂動，但因為小徐還有收拾器材的工作要做，結果才轉身整理沒多久，阿美就摔落地面了。

阿美的家屬決定提出民事訴訟，要求醫院賠償。

➕ 家屬主張

　　小徐應該要多注意阿美的安全，怎麼可以輕率地解開阿美的約束帶後，卻只注意自己的整理工作，沒注意才讓阿美摔落檢查台！

➕ 醫院主張

　　「我都有照著導管室的作業規範，對於意識清楚的病人解開約束帶後，都有提醒他們不能亂動，沒想到阿美自己擅自移動才忽然摔落，我當下根本沒有辦法防範，這並不是我的過失啊！」小徐向法官解釋。

您認為呢？

您覺得，阿美摔下機台導致日後死亡，誰該負賠償責任？

（A）大仁醫森。

（B）技術員小徐。

（C）院長。

（D）是阿美自己亂動才摔落，醫師、技術員及院長都不用賠償。

醫療鑑定怎麼看

解開約束帶並沒有違反醫療常規

「意識清楚的病人在手術結束後，就可以解開約束帶，用以減低病人的不適感及不安感。本案依照病歷記錄，雖然沒有記載開始手術及解除約束帶的時間，但約束帶屬於常規處置，並不是病歷必須記載的事項，只能推測應該是手術結束後，才解開約束帶。」

「本案解除約束帶的時點推測是在手術完成後，當時病人意識清楚，可充分配合，臨床上並無不妥，符合醫療常規。」

法院判決這麼說

① 技術員解開約束帶，並沒有過失

「法院依照被告聲請，查詢其他醫學中心提供內部制定的『心導管檢查作業規範』，對於使用約束帶並沒有特別規範，因此，可以認為被告所說『使用約束帶，只是為了避免病患在過程中碰觸傷口，而導致傷口感染，在手術完成後就沒有再使用的必要。』是合理的。

小徐既然是在手術完成後才解除約束帶，而且當時阿美也意識清楚，所以小徐解開約束帶，並沒有不當或違反醫療常規。」

② 不能要求技術員從頭到尾觀察阿美的一舉一動，因此小徐沒有違反注意義務

「阿美是在手術完成、解開約束帶後，等待病床推入心導管檢查室時，才從心導管機台上跌落。

當時阿美的意識清楚，而且行動控制能力並沒有受限，而小徐除了必須進行術後傷口護理的工作以外，還要負責術後收拾整理，例如移除消毒紗布、儀器設備、器械用具及布單等等，否則病患就沒辦法從檢查台上移動到病床上，因此並不能要求小徐在從事這些工作時，還必須從頭到尾，觀察阿美躺在心導管機台上的一舉一動等高度注意義務，更何況小徐只是受僱在醫院的心導管檢查室技術員，只負責執行術後護理及整理工作，並沒有指派護理人員的權責，並不能將他的職責無限上綱，也就是說，即使醫院手術或心導管室的人力配置不足，也不能這樣就認定小徐有過失。小徐並沒有違反護理人員應盡的注意義務。」

③ 醫院沒有妥善配置人力或增設保護措施，沒有盡到保護病人安全的義務

「阿美下半身躺臥的寬度只有 45 公分，而且四周並沒有防護設備，因此阿美從心導管機台上跌落的風險，的確比一般病床或手術台還高，醫院應該給予更高程度的保護及照料，以確保病患在施行手術、術後等待清潔整理、及移動到病床時的安全，例如可以設置移動式護欄或妥善配置人力，來避免病患跌落的危險，而這些防範措施相較於病患而言，醫院明顯較有能力去完成，但醫院卻沒有

去做，只叫醫護人員用提醒病患不能擅自移動的方式，如此並不能認為醫院已經盡到醫療契約上，保護病人安全的義務。」

最後法院認為：醫院沒有盡到保護病人安全的義務，必須賠償 7 位家屬共 515 萬元。

這題答案是（C）

院長（醫院負責人）要負賠償責任

參考判決：臺灣桃園地方法院 108 年度醫字第 5 號判決

Dr. 大仁哥碎碎唸

這個案例已經上訴到高等法院，目前還沒定讞，但大仁哥覺得不管最後的結果如何，病人安全的保護仍是非常重要的，所以還是提前分享給大家！

法院認為技術員當時的確必須要忙著收拾工作，而無法注意到病人狀況，因此並不是技術員的錯，**追根究柢是因為醫院沒有足夠的安全措施或人力，才讓病人摔落機台，因此醫院該賠，而不是技術員要賠。**

其實大仁哥肯定法院這樣的判決，如果醫院不用負責，只會讓血汗情形更嚴重，醫院拚命省錢縮人力、加重臨床醫療人員工作負擔、出事了又要第一線人員負責，那根本不合理，**只有讓醫院必須對人力設置負責，才可以讓照顧品質提升，進而增進病人的安全！**

房室傳導阻礙與心臟節律器

　　心臟的規律跳動是由心臟的電氣活動而產生。**心臟電氣活動**一般是由位於心房的竇房結產生，讓心房產生跳動後，電氣活動接著再依序經由房室結、房室束、柏金氏纖維再傳至心室，進而再引起心室的跳動。當這條路徑有病變，而產生傳導阻礙時，就可能讓心室的跳動受到影響，這種情形就稱為「**房室傳導阻礙**」。

　　最嚴重的房室傳導阻礙就是「**完全性房室傳導阻礙**」，因為竇房結產生的電氣活動完全傳不到心室，於是心室只有自發性的緩慢搏動，每分鐘甚至可能慢到只剩 20 至 30 下，如此過慢的心跳會讓病人有虛弱、頭暈、昏厥等症狀，此時就必須安裝俗稱「電池」的「**心臟節律器**」，以維持心臟的最低脈動，才可以有效解決病人的症狀。

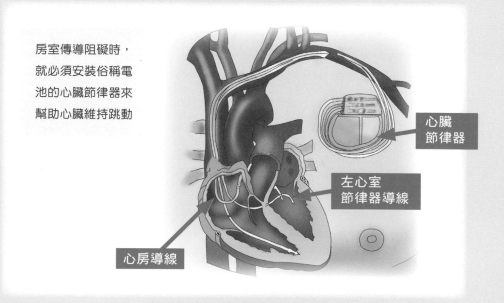

房室傳導阻礙時，就必須安裝俗稱電池的心臟節律器來幫助心臟維持跳動

心臟節律器

左心室節律器導線

心房導線

疫情當前，醫院高層卻隱匿疫情？

 案例

疫情當前，醫院裡的護理師及放射師，忽然陸陸續續出現發燒、咳嗽、呼吸困難等症狀，醫院內感控小組成員娜美發覺有異，趕緊跟院長大仁醫森報告。

「報告院長，我們醫院可能有群聚感染情形，我追查到前幾天我們曾轉了一位急性呼吸窘迫症候群（ARDS）的病人小八到大醫院去，那位病人好像有去過 Peace Hospital，不知道會不會就是傳說中的疾病 SARS，造成大家被傳染？」

「那位病患並不符合 SARS 通報定義，別亂講話、不要製造恐慌！」大仁醫森大聲斥責娜美，並指示院內有症狀的醫護人員們不能以訛傳訛、影響醫院聲譽。

「就只是流行性感冒而已！」院長大仁醫森這麼說。

沒想到才沒多久，就傳來 Peace Hospital 因為疫情傳播而封院的消息，院長大仁醫森這時才發覺事態嚴重，趕緊將有症狀的醫護人員召回醫院集中管理，並向政府通報，但為時已晚，後來醫院裡有幾位護理師及病患，確診為 SARS 而死亡。

於是檢察官認為院長大仁醫森，以及感染管制委員會的主任委員紅髮醫森，因為隱匿疫情、造成院內人員及病患傷亡，用業務過失致死罪起訴他們兩人。

➕ 醫院主張

「雖然院內同仁有發燒的情形，但因為沒有旅遊史或接觸史，並不符合 SARS 通報定義，而且我們小醫院並沒有感染科醫師、也沒有負壓隔離病房，我們已經依政府命令，做好最大努力的防範措施，同仁們不幸染上 SARS，並不能怪罪於我啊！」院長大仁醫森向法院喊冤。

感控主任委員紅髮醫森一同被起訴，也是深感冤屈。

「我是清白的，我有三點要說，請法官明察：

第一、我已經盡我的職責，辦理院內 SARS 教育訓練，並請醫院準備口罩、防護衣等設備，也要求同仁一定要做好戴口罩、勤洗手等防護措施。

第二、通報法定傳染病是主治醫師的責任，我並不是這些病患的主治醫師，我沒有通報責任，況且，他們的症狀也與 SARS 通報定義不符合。

第三、最重要的，關於院內同仁集體發燒等現象，我已經有建議院長通報，通報的決定權在院長身上，但院長叫我不要管，所以這些同仁及病患的死傷，並不能怪罪於我。」

您認為呢？

請先思考一下，如果您是院長，在還沒有證據院內同仁感染 SARS 前（還不符合通報定義），您會向政府通報嗎？

這個案件中，您覺得大仁醫森院長及感控主任委員紅髮醫森，會不會成立業務過失致死罪呢？（A）（B）二選一、（C）（D）二選一。

（A）院長隱匿院內感染、未通報疫情，成立業務過失致死罪。

（B）院內同仁及病患感染疾病而死亡，與院長作為無法建立因果關係，院長不成立過失致死罪。

（C）感控主任委員沒盡到院內感控責任並造成傷亡，成立業務過失致死罪。

（D）感控主任委員已盡力作為，且已建議院長通報，故不成立業務過失致死罪。

法院判決這麼說

① **院長對於院內同仁集體發燒，應早有懷疑可能是 SARS**

「大仁醫森辯稱院內發燒同仁單純只是流行性感冒，而不是感染 SARS 病毒，所以才沒有通報。但如果大仁醫森確信院內發燒同仁單純只是流行性感冒，而沒有感染 SARS 可能的話，為何又在 Peace Hospital 封院後，隔天就把同仁召回醫院隔離？因此大仁醫森應該早就懷疑院內醫護人員的集體發燒，可能與感染 SARS 病毒有關，但因為擔心影響醫院經營及聲譽，才錯過防止醫護人員及病患傷亡的時機。」

195

　　「傳染病的感染，都是由人類肉眼所不能見的細菌病毒散播所導致，本件 SARS 傳染病的傳染途徑是接觸傳染、飛沫傳染，預防的重點在自我防護，例如勤洗手、接觸病患後不觸碰口、眼、鼻，並視需要戴口罩，雖然這些與個人習慣養成以及自我防護的落實也有關，但大仁醫森在院內醫護人員多人先後有發燒的症狀後，並沒有立即提醒其他醫護人員注意預防、提早發現，避免感染發生，並加以控制，反而向院內人員表示只是流行性感冒，導致被害人感染 SARS，因此有疏失。」

　　「紅髮醫森兼任感染控制委員會的主委，在知道曾照護病患小八的醫護人員中，多人先後出現發燒等症狀後，應該要多注意這些院內醫護人員，若是因為接觸病患小八而感染 SARS 病毒，卻沒有立即暫停他們的業務且將這些人隔離，將會造成疫情擴散；並且紅髮醫森也應該向院長大仁醫森再三說明，協助院長在院內發生 SARS 感染事件時，能提早發現並加以管制，以避免無謂的傷亡。」

　　「沒想到紅髮醫森卻疏忽未注意這些職責，在大仁醫森以他並不是感染科或胸腔專科醫師為由，要他別管時，就沒有再表示意見，導致部分已經因感染 SARS 病毒而有發燒的醫護人員，不能及時採取隔離或必要防護措施，仍繼續執行照護病患的業務，而使其他病患或醫護人員，陷在隨時可能遭受 SARS 病毒感染的高度危險中。」

④ 依照傳染病防治法，感控有通報責任

「在設有感染管制委員會的醫院，法定傳染疾病的通報事宜，原則上應該由感染控制委員會負責的醫師處理，本案被告紅髮醫森身為醫院感染管制委員會主任委員，對於院內醫護人員多人在臨床上出現疑似 SARS 症狀，應該依傳染病防治法以及醫療法等相關規定，負有通報的責任。」

最後法院認為院長及感控主委，怠於防範疫情，造成多人死傷，兩人都有過失。院長大仁醫森與感控主委紅髮醫森，分別被判處有期徒刑 6 個月及 5 個月，可易科罰金。

這題答案是（A）和（C）

（A）院長隱匿院內感染、未通報疫情，成立業務過失致死罪。

（C）感控主任委員沒盡到院內感控責任，並造成傷亡，成立業務過失致死罪。

參考判決：最高法院 99 年度台上字第 4786 號判決

　　這個案例是 17 年前，SARS 發生時的真實案例，醫院內爆發群聚感染，後來證實是 SARS，最後院長及感控主任委員都被認為隱匿疫情而有過失，被判處業務過失致死罪。

　　比較值得討論的是感控主任委員已經建議院長通報，但院長仍不通報，那感控主委還有沒有責任？

　　法院認為，感控主任不能因為院長拒絕通報，就不再表示意見，反而應該要再三向院長說明嚴重性，並盡速加以管制才行。

　　因此從這裡我們可以學到，**身為下級主管，當您的建議不被上級主管接受時，依職責一定要再度提醒上級主管才行，可不能只講一次就不講，要不然可是會被法院認為怠忽職責！**

重點小提醒

傳染病的防範一定是寧願嚴格而不該錯放，因此院內爆發疫情時，主管若選擇隱匿而不積極處理，是會有刑責的，下級主管也一定要再三提醒上級主管盡早通報才行。

從案例
學醫療知識

SARS 與 COVID-19

17 年前的 SARS 雖然重重地打擊了我們，但因為有 SARS 的經驗，讓我們在對付世紀病毒 COVID-19 時，可以更有經驗及對策。

傳染病要有「傳染途徑」才可以傳染給其他人，SARS 或 COVID-19 這種呼吸道疾病的傳染途徑，通常是飛沫或是顆粒更小的氣溶膠，因此最簡單有效的方法，就是阻絕這些飛沫、氣溶膠的散播。

而台灣能夠獨特於世界其他各國、**有效阻絕病毒散播的方法，就是全民戴口罩，並且保持社交距離、勤洗手。配合政府的回溯追蹤，**把所有與確診者接觸的「嫌疑犯」先隔離採檢，降低病毒在人群傳播的機會，使得病毒根本沒機會傳給其他人，最後終於成功壓制病毒。

所以再次提醒大家，防範 COVID-19 病毒，最重要的還是個人衛生習慣：戴口罩、勤洗手、勿用手接觸臉部口鼻，要記得哦！

防範 SARS 與 COVID-19

保持社交距離　　戴口罩　　勤洗手　　減少觸摸口鼻

專科護理師可以執行醫療行為嗎？

案例

大仁醫森是醫院院長兼主治醫師，但因為大仁醫森年事已大，而且醫院裡醫師人力不夠，長期以來就用專科護理師協助值班及第一線處理病人。小青，是醫院內最資深的專科護理師，也是大仁醫森最得力的助手。

因為醫院夜間沒有醫師值班，所以這段日子以來，大仁醫森都安排小青負責夜間值班，如果住院病人晚上臨時發生什麼狀況，小青就可以先處理，小青處理完病人狀況、開完醫囑後，則是會在病歷蓋上院內其他醫師，如李醫師、陳醫師的印章。

這一天半夜，院內住院的老胡病情惡化，小青給予強心針、心肺復甦術等急救措施後，老胡最後仍然不治。

檢察官調查後卻發現事有蹊蹺，懷疑專科護理師小青擅自執行醫療行為，似乎已經違反了醫師法的規定……。

➕ 檢察官主張

　　小青不僅擅自執行醫療業務，而且還自行拿李醫師職章，在住院病患的病程記錄上蓋章，有違反密醫罪的嫌疑。

➕ 護理師主張

　　「我只是將醫師交代的醫囑抄寫在治療記錄單及病程記錄上，並沒有擅自下醫囑或寫病歷的情形。」專科護理師小青這麼對法官說。

您認為呢？

　　1　你覺得專科護理師小青，夜間值班處理病人狀況，有違法嗎？（單選）

（A）小青值班已有大仁醫森授權，沒有違法。

（B）小青值班時，在沒有醫師指導下執行醫療行為，違反醫師法規定的密醫罪。

　　2　大仁醫森指示小青值班，有沒有違反密醫罪？（單選）

（C）大仁醫森有醫師執照，這不關他的事，無罪。

（D）大仁醫森讓沒有醫師執照的專科護理師獨自執行醫療行為，一樣違反密醫罪。

🔍 法院調查

① 醫師法規定，在醫師指示下，護理人員可以執行醫療業務

「醫師法第 28 條規定：未取得合法醫師資格，執行醫療業務者，處 6 個月以上 5 年以下有期徒刑，得併科新台幣 30 萬元以上，150 萬元以下罰金。但合於下列情形之一者，不罰：

一、在中央主管機關認可之醫療機構，於醫師指導下實習之醫學院、校學生或畢業生。

二、在醫療機構，於醫師指示下之護理人員、助產人員或其他醫事人員。

三、合於第 11 條第 1 項但書規定。

四、臨時施行急救。」

② 專科護理師與醫師成立密醫罪的共同正犯

「被告小青領有護理師專業證照，在醫院從事專科護理師工作，那天小青在醫院值班時，並沒有任何醫師留守，小青自行對病患老胡下醫囑，對老胡施打升壓劑、利尿劑等醫療行為，這些行為並不屬於醫師法第 28 條但書所說的：『醫師指導下之醫學院、校學生實習而執行之醫療行為』，也不是『醫療院所之輔助人員，於醫師在場指導下，執行應由醫師親自執行以外之醫療行為』，或『醫師法第 11 條第第 1 項但書情形』。

大仁醫森雖然具有合法的醫師資格，但與不具合法醫師資格的被告小青，共同實施犯罪，彼此間有犯意聯絡及行為分擔，兩人皆成立醫師法第 28 條前段的共同正犯。」

法院判決結果：大仁醫森犯醫師法第 28 條的非法執行醫療業

務罪，處有期徒刑 1 年（無緩刑、必須入獄）。小青也是成立醫師法第 28 條非法執行醫療業務罪，處有期徒刑 6 月，可易科罰金，緩刑 2 年。

這題答案是（B）和（D）

（B）小青值班時，在沒有醫師指導下執行醫療行為，違反醫師法的密醫罪。

（D）大仁醫森讓沒有醫師執照的專科護理師獨自執行醫療行為，一樣違反密醫罪。

參考判決：最高法院 106 年度台上字第 2187 號判決

Dr.大仁哥碎碎唸

專科護理師可以執行醫療行為嗎？

現在已經有「專科護理師於醫師監督下執行醫療業務辦法」了，所以原則上專科護理師是可以執行醫療行為的。但既然專科護理師可以執行醫療行為，為什麼這個案子裡，專科護理師會被判密醫罪？

關鍵是在專科護理師雖然可以執行醫療行為，但必須是在「醫師監督下」。這個故事中，專科護理師小青在值班或是急救中，所

下的醫囑都是個人行為，尤其是下了醫囑後，蓋李醫師的章，而李醫師完全否認有授權小青可以用李醫師的名義去處理病人的狀況。因此小青執行醫療行為時，並沒有受到醫師監督，這樣是不行的。

　　至於大仁醫森呢？大仁醫森明明有醫師執照，怎麼也成立密醫罪？密醫罪其實是口語說法，正式的名字是「非法執行醫療業務罪」，在刑法的概念中，兩人有犯意連絡、共同實行犯罪，就成立共同正犯，所以大仁醫森雖然沒有第一線下醫囑，但**大仁醫森指示小青可以自己處理病人，因此跟小青一起成立「非法執行醫療業務罪」的共同正犯**。

　　共同正犯是法律上的專有名詞，不瞭解也沒有關係，大家只要知道醫師如果指示專科護理師在沒有醫師監督時，自行執行醫療行為，那兩人同樣都是違法的。

重點小提醒 ～◇◇◇◇～

專科護理師執行醫療行為時，一定要在醫師的監督之下，如果醫師讓專科護理師自行執行醫療行為，那醫師與專科護理師兩人都違法哦！

從案例學醫療知識 專科護理師

專科護理師跟一般護理師有什麼不一樣？

　　護理師的工作我想大家都很清楚，就是大家常見的照顧病人，如打針、給藥、換藥等等，而護理師所執行的醫療行為，通常都是醫師指示的，被動地照著醫囑給該給的藥物。

　　專科護理師的工作內容則是與護理師十分不同，專科護理師一般是由長期在某專科服務的資深護理師擔任，由於在該專科裡已經具有多年經驗，經驗及能力有時甚至比資淺的住院醫師更厲害，因此在通過考試，取得專科護理師證照後，可以協助主治醫師做些「通常由醫師做的工作」，概念上近似資淺醫師，可以下醫囑、放尿管、放鼻胃管、傷口縫合……等等，然而雖然概念上近似醫師，**但法律上畢竟不是醫師，其養成、訓練、學習與正規的醫師教育並不同，因此專科護理師執行醫療行為時，一定要在醫師監督下才行，並不可以自己獨自執行這些醫療行為。**

　　而目前允許專科護理師可以做的工作，包括了以下這些內容：

（一）傷口處置

1　鼻部、口腔傷口填塞止血	2　表淺性傷口清創
3　未及於肌肉及肌腱之表層傷口縫合	4　拆線

（二）管路處置

1. 初次胃管置入
2. Nelaton 導管更換、灌洗或拔除
3. 非初次胃造瘻（Gastrostomy）管更換
4. 非初次腸造瘻（Enterostomy）管更換
5. 非初次恥骨上膀胱造瘻（Suprapublic Cystostomy）管更換
6. 胃造瘻（Gastrostomy）管拔除
7. 腸造瘻（Enterostomy）管拔除
8. 動靜脈雙腔導管拔除
9. Penrose 導管拔除
10. 真空引流管（Hemovac）拔除
11. 真空球形引流管（Vacuum Ball）拔除
12. 胸管（Chest Tube）拔除
13. 肋膜腔、腹腔引流管拔除。
14. 周邊靜脈置入中央導管（PICC、PCVC）拔除
15. 經皮腎造瘻術（Percutaneous Nephrostomy）引流管拔除
16. 膀胱固定引流管（Cystofix）拔除
17. 周邊動脈導管（Arterial Line）置入及拔除

（三）檢查處置

陰道擴張器（鴨嘴器）置入採集檢體

（四）其他處置

心臟整流術（Cardioversion）

（五）預立特定醫療流程表單代為開立

下列預立特定醫療流程表單之代為開立：

1	入院許可單	2	治療處置醫囑
3	檢驗醫囑（含實驗室及影像）	4	藥物處方醫囑
5	會診單		

（六）檢驗檢查之初步綜合判斷

（七）非侵入性處置

1	石膏固定	2	石膏拆除

（八）相關醫療諮詢

最後再幫大家補充藥師、物理治療師、職能治療師的工作範圍：

（藥師業務）

1	藥品販賣或管理	2	藥品調劑
3	藥品鑑定	4	藥品製造之監製
5	藥品儲備、供應及分裝之監督	6	含藥化粧品製造之監製
7	依法律應由藥師執行之業務		
8	藥事照護相關業務 中藥製劑之製造、供應及調劑，除依藥事法有關規定辦理外，亦得經由修習中藥課程達適當標準之藥師為之；其標準由中央主管機關會同中央教育主管機關定之。		
9	藥師得販賣或管理一定等級之醫療器材 前項所稱一定等級之醫療器材之範圍及種類，由中央主管機關定之。		

（物理治療師業務）

1	物理治療之評估及測試	2	物理治療目標及內容之擬定
3	操作治療	4	運動治療

5	冷、熱、光、電、水、超音波等物理治療
6	牽引、振動或其他機械性治療
7	義肢、輪椅、助行器、裝具之使用訓練及指導
8	其他經中央主管機關認可之物理治療業務
9	物理治療師執行業務，應依醫師開具之診斷、照會或醫囑為之

（職能治療師業務）

1	職能治療評估
2	作業治療
3	產業治療
4	娛樂治療
5	感覺統合治療
6	人造肢體使用之訓練及指導
7	副木及功能性輔具之設計、製作、使用訓練及指導
8	其他經中央主管機關認可之職能治療業務
9	職能治療師執行業務，應依醫師開具之診斷、照會或醫囑為之

只是講話大聲點？
算醫療暴力嗎？

 案例

大仁醫森是很有名的口腔外科醫師，專長是拔牙，也因為他的診所只做拔牙，而且是拔別人所拔不了的牙，所以他號稱是「拔牙之神」，診所甚至只收預約的轉診病患，不接受病患現場掛號。

這天，阿奇牙痛到受不了，來到大仁醫森的診所，沒想到櫃枱竟然不給他掛號，說診所只接受轉診預約病人。

阿奇一氣之下，就拿起櫃台上的看診本，丟向大仁醫森。

「你這醫生怎麼那麼囂張，見死不救！沒有看過診所那麼囂張！不給我看，我就讓你上蘋果，讓你混不下去！」阿奇非常生氣地說。

✚ 病人主張

「我承認我是丟看診預約本、還有說『你這醫生怎麼那麼囂張，見死不救，沒有看過診所那麼囂張』這些話……。」

✚ 醫師主張

病人有醫療暴力的行為，已經觸犯醫療法。

您認為呢？

1　阿奇又沒有打人，如果你是大仁醫森，可以報警嗎？

（A）可以。

（B）不行。

2　阿奇只是罵罵人而已，有違法嗎？

（C）沒有打人就沒有違法。

（D）有，違反醫療法。

法院判決這麼說

後來大仁醫森報警並提告後，法院這麼認為：

阿奇使醫師心生畏懼，妨害醫師執行醫療業務

「阿奇在大仁醫森的牙醫診所求治，因為不滿櫃枱人員說診所只接受其他牙醫診所轉診的手術病患，而且必須事先預約，竟然基於違反醫療法及恐嚇、公然侮辱的犯意，在不特定多數人得共見共聞的診所內，拿起櫃枱上的看診預約本，猛力砸向大仁醫森，並稱『你這醫生怎麼那麼囂張，見死不救，沒有看過診所那麼囂張』、『你很囂張、不給我看，我就讓你上蘋果，讓你混不下去』這些話，使得大仁醫森心生畏懼，導致有生命、身體、名譽安全的危害，並且妨害大仁醫森執行醫療業務，足以損害大仁醫森的名譽及社會評價。」

法院認為：阿奇對於醫事人員執行醫療業務時，施恐嚇並足以妨害醫事人員執行醫療業務，處有期徒刑 2 月，緩刑 2 年，並應裁罰 3 萬元。

這題答案是（A）和（D）

（A）如果你是大仁醫森，可以報警

（D）阿奇雖然只是罵罵人，但已違反醫療法

參考判決：最高法院 106 年度台上字第 2187 號判決

Dr. 大仁哥碎碎唸

這次幫大家複習一下醫療暴力。

目前處理醫療暴力的觀念是要早期報警，在**施暴者還沒動手前，就要先報警請警察協助處理，如果等施暴者真的動拳頭時才報警，那就太慢了！**

儘早報警請警察協助的優點，一來可以避免施暴者有進一步的不理性行為（動手腳就算了，萬一動刀槍怎麼辦？）、二來如果對方真的有違法情事發生，那現場的警察不僅有公權力可以介入「應付」，日後被害人如果要提告，也方便得多。

另外，只要言語恐嚇讓人心生畏懼，就可能成立恐嚇罪，恐嚇罪甚至還比傷害罪更重，所以真的不需要等對方動手動腳才報警哦！

 重點小提醒 ～ＷＭＭ

遇到醫療暴力情形，儘早報警請警察協助處理，才不會導致憾事！

從案例
學法律知識

醫療暴力怎麼辦？

　　雖然遇到醫療暴力要早期報警，但事實上就算警察把施暴者抓走了，警察也沒有權力把施暴者直接「關起來」，施暴者在做完筆錄之後，仍然會被「放走」。

　　而受害者如果想要提告、採取法律途徑其實也都是之後的事，並不能解決事發當下的衝突，所以很多受害者會擔心，施暴者被放走後，怎麼辦？會不會又來醫院「尋仇」？

　　其實如果施暴者被放走後又回來醫院尋仇，處理方式一樣是報警，每報警一次，法律上都會留下正式記錄，這些記錄日後在法庭上都是讓對方無法翻身的依據，再次報警是保護自己、以及「處理」施暴者的好方法，請大家一定要善用警力資源保護自己、保護醫療人員。

　　醫院是治療病人的地方，大家在醫院就醫時千萬不要有暴力行為哦！

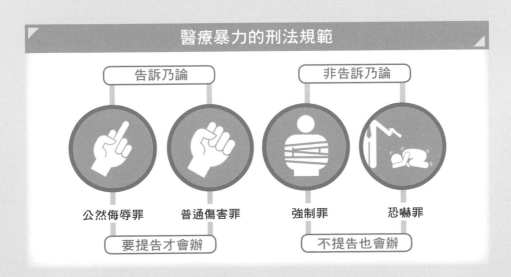

醫療暴力的刑法規範

告訴乃論		非告訴乃論	
公然侮辱罪	普通傷害罪	強制罪	恐嚇罪
要提告才會辦		不提告也會辦	

「借牌行醫」出了醫療糾紛，誰該負責？

案例

鍋淨因為牙痛到牙醫診所就診，由東邪醫師看診，東邪醫師建議要作植牙手術，於是當日由診所的西毒醫師，為鍋淨進行植牙手術，東邪醫師則在旁協助。

2 天後，因為縫線脫落，鍋淨再回到診所，東邪醫師先將傷口縫合，暫時處理後，建議鍋淨到南帝醫師家裡繼續治療。

鍋淨到了南帝醫師家，則是繼續由診所的西毒醫師再幫鍋淨進行第二次的植牙手術，並且由東邪醫師、南帝醫師協助手術。南帝醫師也幫忙打麻藥及安裝植體及牙套。

但後來鍋淨還是覺得牙痛難耐，在反覆治療並無改善後，東邪醫師、西毒醫師、南帝醫師終於承認他們三人都沒有牙醫師執照，並建議鍋淨轉診至醫學中心。

這時鍋淨才知道，牙醫診所負責人是擁有牙醫師執照的北丐醫師，但東邪、西毒、南帝三人都沒有執照，於是鍋淨向衙門提出控訴，要求東邪（看診、縫合）、西毒（植牙）、南帝（協助打麻藥、安裝牙套）、北丐（借牌醫師）四位醫師要賠償鍋淨 200 萬兩。

➕ 醫師主張

東邪：我根本就沒有參與植牙手術，我也沒有為鍋淨縫合啊！

西毒：我以為東邪是牙醫師，我在底下擔任牙醫助理。當時法律還沒規定牙醫助理要有口腔衛生執照，並不需要有專業技能或職業證照才能當牙助。

南帝：我是醫材公司的業務，我不知道東邪醫師沒有醫師身份，我只是跟他討論適合的植體規格就走了，更沒有幫病人打麻藥或安裝植體。

北丐：……（放棄出庭說明）。

您認為呢？

東邪、西毒、南帝、北丐四位醫師，誰應該負賠償責任？（單選）

（A）東邪醫師並沒有直接進行植牙手術，不用負責。

（B）西毒醫師直接進行植牙手術，要負責。

（C）南帝醫師只有打麻藥及安裝牙套，不用負責。

（D）北丐醫師只有借牌，並無直接進行醫療行為，不用負責。

🔍 法院判決這麼說

① 西毒醫師負責診所植牙，應負損害賠償責任

　　牙科診所的植牙部分，主要是由西毒醫師負責執行，而且鍋淨的植牙，最初也是由西毒醫師負責執行，西毒醫師應負本件共同侵權行為的損害賠償責任。

② 南帝醫師占舉足輕重地位，打麻藥、裝植體，應負損害賠償責任

　　鍋淨後續治療大部分都在南帝醫師的住處進行，可見南帝醫師在診所的醫療業務，也占有舉足輕重的地位，應該就像證人所說的，南帝醫師負責假牙的裝設，並參與牙醫診所的醫療業務執行，且南帝醫師在住處繼續幫鍋淨治療的過程中，也有打麻藥及安裝植體、門牙牙套、及其他協助的行為，南帝醫師也必須負本件的損害賠償責任。

③ 東邪醫師是本件醫療契約的當事人，應負損害賠償責任

　　東邪醫師是本件醫療契約的當事人，而且東邪醫師也參與牙齦縫線脫落的診療及縫合，並帶鍋淨到南帝醫師的住處持續醫治，因此東邪醫師也應該負本件的損害賠償責任。

④ 若沒有北丐醫師的牙醫師資格，本件醫療糾紛不會發生，所以北丐醫師也應負損害賠償責任

　　北丐醫師雖然沒有實際執行本件的醫療行為，但東邪、西毒、南帝都沒有牙醫師資格，理應不敢明目張膽地執行牙醫師的醫療業務，應是先藉由東邪醫師與北丐醫師間，成立類似借牌行醫的

合作關係，再與西毒、南帝也成立合作關係，共同經營牙醫診所的醫療業務。如果沒有北丐醫師的牙醫師資格，鍋淨不可能到牙醫診所求診，本件醫療糾紛就不會發生，所以北丐醫師也應該負本件的損害賠償責任。

最後判決結果，東邪、西毒、南帝、北丐四位醫師，都要負連帶賠償責任，必須一起賠償鍋淨的損失。

這題答案是（B）

東邪、西毒、南帝、北丐四位（假）醫師都要負賠償責任

參考判決：臺灣高雄地方法院 107 年度醫字第 8 號判決

Dr. 大仁哥碎碎唸

這次的案例大仁哥覺得滿有趣的。

東邪、西毒、南帝三位沒有醫師執照的假醫師，卻執行醫療行為，要為病患負責，並賠償病患的損失，這應該沒什麼問題。但沒有直接執行醫療行為的北丐正牌醫師，到底要不要負責呢？

法院認為，如果沒有北丐醫師的執照罩著，東邪、西毒、南帝三位假醫師不敢明目張膽地執行醫療行為，且病人根本也不會至這家診所求診，因此借牌的北丐醫師，也要一起負連帶賠償責任！

連帶賠償責任

從案例
學法律知識

　　我們常看到法律判決會提到誰跟誰一起負「連帶賠償責任」，到底「連帶賠償責任」是什麼意思呢？

　　「連帶賠償責任」白話文就是一起負責、一起賠的意思，但誰賠多誰賠少，則是有緩衝的空間。如果 A、B、C 三人一起負連帶賠償責任 100 萬，那被害人可以向 A 要求付 100 萬、可以向 A、B 各要求 50 萬、也可以要求 A、B 各 10 萬、C 則 80 萬。

　　總之**「連帶賠償責任」時，被害人可以跟「連帶賠償」的其中任意一人，要求全部或其中一部分的賠償。**

重點小提醒 ～/\/\/\

　　掛牌當診所負責人在醫療界是滿常見的，但其實也會有風險，掛牌的負責醫師，有責任監督診所的行政流程，如果流程有問題影響到病人安全，負責醫師也是有責任的，因此掛牌當診所負責人，一定要小心謹慎才行。

住院期間病人自殺了，誰該負責任？

 案例

小雅持水果刀割腕，並服用安眠藥 100 顆企圖自殺，送至醫院急救後，轉至加護病房住院。

這天下午，小雅因為情緒不穩定、有打人的動作，大仁醫森評估後，認為應該給予小雅保護性約束。到了夜裡，護理師李姊評估小雅情緒已經平穩，因此在沒有告知大仁醫森的情況下，李姊解開病人的約束帶。

「我累了，可以幫我關燈，讓我好好睡個覺嗎？」小雅要求李姊關燈，希望能好好休息。

李姊答應小雅的請求，關了燈，並看小雅閉眼休息後，就離開去治療其他病人。

沒想到過不久，床位警報器響起，李姊再過來察看時，發現小雅人已經不在加護病房床位。

後來全院搜查才發現小雅已經從病房旁的討論室跳樓自殺，急救無效。小雅的家屬認為醫院沒有盡到管理責任，才讓小雅跳樓，要求醫院必須要賠償。

➕ 家屬主張

小雅是已經自殺 2 次的精神病患，且又入住加護病房，醫護人員應該比一般住院病人更注意小雅的情形，以免再發生憾事。

而且精神病患的物理性約束，醫師必須在 2 小時內更新評估，護理人員只能向醫師建議解除身體約束帶，不能自行決定解除。大仁醫森在小雅被約束的 8 小時期間內，並沒有前往評估，護理師晚間自行解除小雅的身體約束帶，都違反精神病患身體約束的護理規範。

醫院、醫師及護理人員都有疏失！

➕ 醫院主張

護理師李姊已經評估後，才解開小雅的身體束縛。而且李姊解開小雅身體束縛後，小雅不但情緒平穩，還進一步表示要睡覺、請護理師將病床電燈關掉。這些都可以證明，護理師李姊已經盡到醫療上的必要注意，並沒有過失的情形。

您認為呢？

您覺得大仁醫森、護理師李姊、醫院，誰該負賠償責任？（單選）

（A）大仁醫森沒有穩定病人情緒，應該負賠償責任。

（B）護理師李姊擅自解開病人約束帶，並且沒有掌握病人行蹤，應該負賠償責任。

（C）醫院沒有盡到管理職責，讓病人在院內跳樓，該負賠償責任。

（D）這是小雅個人行為，醫師、護理師、醫院皆不用負賠償責任。

法院判決這麼說

① 身體約束涉及人身自由，並不能任意無限制的拘束

「身體約束，是預防病人自己或對他人發生立即性傷害的暫時性醫療處置，不能只憑病人之前曾經有自殺記錄，就認為應該長期身體約束。」

「依照精神科住院病人身體約束的護理作業規範，賦予醫師或醫護人員就病患實際情況評估後，有必要時才可以進行約束，而且性質只是暫時性處置，且因為涉及人身自由的問題，若不是有必要，並不能任意進行長期無限制的拘束。」

② 護理師解除病人約束，符合護理作業規範，並沒有疏失

「本件當初決定對病人進行約束時，是因為病人小雅出現情緒躁動不安以及攻擊人的情形，才決定給予約束，並不是因為出現自殺症狀才約束，而護理人員實施約束，在病人情緒恢復平穩

221

之後，認為已經沒有繼續約束的必要，而予以解除身體約束帶，並沒有不恰當，況且解除身體約束後，病人仍情緒平穩，除了表示左肩酸痛，請求醫師前來看診，又表示要睡覺，請護理人把燈關掉，並閉眼休息。從解除身體約束之後的情況看來，更沒有繼續約束的必要，因此，護理師解除病人身體約束符合護理規則，並不能認為有疏失。」

③ 病人跳樓是個人行為，與護理師或醫院沒有因果關係

「以案發當時的情形，及事後客觀的觀察，病人以前都是用安眠藥、鎮定劑及割腕等方式自殺，且住院時都還有正常睡眠，並不能因而認定護理人員離開病人時，一定會造成病人開窗跳樓自殺，況且醫院加護病房雖然比一般病房照護程度更高，但是病人情緒安穩後表示要睡覺，而且外觀上也已平躺閉眼的狀況下，依照通常的智識經驗判斷，也可以相信病人情緒確實已經得到相當的控制，客觀上可以相信暫時不會有自殺的舉動，所以依照事發當時的情形，並不能認為病人隨後的自殺結果，與醫院或醫護人員有相當因果關係。」

最後法院認為：這是病人個人行為，醫師、護理師、醫院皆不用負賠償責任。

這題答案是（D）

小雅個人行為，醫師、護理師、醫院皆不用負賠償責任

參考判決：臺灣高等法院臺中分院 106 年度醫上易字第 5 號判決

Dr.大仁哥碎碎唸

這個案例主要要跟大家分享約束及病人自殺的法律問題。

法官依據醫療法、精神衛生法、精神科住院病人身體約束護理作業規範，發現並沒有「醫師才能解除約束」的規定，而且約束本來就是為了防止病人自傷傷人的特例行為，既然病人情緒已平穩，護理師當然可以解除約束，並不需要醫師醫囑才能解除。

至於解除約束後，病人卻跳樓自殺了，醫院、護理師、或醫師有沒有責任？

法律上注重的是「相當因果關係」。「相當因果關係」的白話文意思是「每次這麼做，通常都會有同樣結果的可能」，在這案例中，**並不是「每個病人解開約束帶後，通常都會導致病人跳樓的可能」**，所以法官認為**這是病人個人行為，跟醫院或護理師並沒有相當因果關係**，醫院並不需要為小雅的行為負責、不需賠償。

事實上，這案件並不是特例，還有其他許多類似的院內自殺案例，都認為醫院是不需要賠償的。

重點小提醒 ～〰〰〰〰

雖然在這個案子中，醫療人員並不用賠償，但是不管是醫療人員或是病人家屬，在面對有自殺風險的患者時都應該更謹慎小心、加強陪伴，才可以避免遺憾發生。

藥物過量

藥物過量是急診常見的狀況,也是連續劇裡的常見情節。藥物過量可能是蓄意的,如自殺、他殺,也可能是不小心誤食。但不管是哪種原因,處理方式卻是大同小異。

一般藥物過量的處理流程是洗胃及活性碳除汙,但由於藥物一般只會在胃裡停留大約一個小時,所以若是好幾個小時前吃的藥,那洗胃可能就已經沒什麼幫助了。

洗完胃後,接下來常會讓病人服用活性碳,活性碳可以吸附藥物毒素,可以減少藥物被腸道吸收。但並不是每種藥物都適合用活性碳,有些藥物並無法被活性碳吸附,此時用活性碳不僅沒有幫助,甚至還有可能對病人造成危害,因此並不是每個病人都必須使用活性碳,仍須讓醫師評估才行。

洗胃及活性碳是大部分藥物過量時的共通處理方式,後續治療則是不同的藥物會有不同的特定方式,例如解毒劑或洗腎,如果是一氧化碳中毒,甚至還可以使用高壓氧。然而藥物毒物萬萬種,也不是每個醫師都可以掌握得那麼清楚,因此有些醫師則會繼續鑽研中毒的治療處理,並取得毒物科專科醫師,專門處理各種中毒的情形。

醫療廣告 **3-10**

「慶開幕免掛號費」是否觸法？

 案例

大仁醫森的診所終於開幕了！

為了在開幕期間能夠吸引客人，大仁醫森在診所外懸掛紅布條，上面寫著：「新開幕！免費體驗大優待！」、「專治皮膚炎、青春痘，新開幕免掛號費！」等廣告。

萬萬沒想到，衛生局竟然派員到診所拍照存證，衛生局認為大仁醫森違反醫療法關於「醫療廣告」的規定，而罰了診所五萬元。

大仁醫森不服，因此決定向法院提起行政訴訟。

✚ 醫師主張

　　「我行醫 30 年了從來沒有違規過，這次因為對法規不熟，純屬無心之過，如果真的有錯，應該先口頭警告，而不是直接裁罰，再給我一次機會吧！」

您認為呢？

　　診所新開幕，可以在開幕期間用「免掛號費」作宣傳嗎？（單選）

（A）可以，醫療法沒有明文規定不行。
（B）不行，「免掛號費」屬於不正當的宣傳方法。

🔍 法院判決這麼說

① 醫療法規定不能用不正當方法招攬病人

　　「醫療法第 61 條規定：『醫療機構不得以中央主管機關公告禁止之不正當方法，招攬病人。』」

② 折扣或免費活動屬於不正當方法

　　「行政院衛生署民國九十四年三月十七日衛署醫字第 0940203047 號公告：『醫療機構禁止以下列不正當方法，招攬病人：公開宣稱就醫即贈送各種形式之禮品、折扣、彩券、健康禮券、醫療服務或於醫療機構慶祝活動贈送免費兌換券等情形。』」

③ **診所違規招攬病人的事實明確**

「大仁診所門前懸掛紅布條，內容有：『新開幕免費體驗大優待』、『專治皮膚炎、青春痘，新開幕免掛號費』等文字，而且有廣告照片為證。因此，診所的確是以不正當的方法招攬病人，而有違規事實。」

判決結果：醫師敗訴，應裁罰 5 萬元。

這題答案是（B）

不行，「免掛號費」屬於不正當的宣傳方法

參考判決：高雄高等行政法院 96 年簡字第 278 號行政判決

Dr.大仁哥碎碎唸

醫療廣告到底怎樣是合法的，怎樣又是違法的呢？

首先，合法的部分規定在醫療法第 85 條第 1 項：**醫療廣告，其內容以下列事項為限：**

一、醫療機構之名稱、開業執照字號、地址、電話及交通路線。

二、醫師之姓名、性別、學歷、經歷及其醫師、專科醫師證書字號。

三、全民健康保險及其他非商業性保險之特約醫院、診所字樣。

227

四、診療科別及診療時間。

五、開業、歇業、停業、復業、遷移及其年、月、日。

六、其他經中央主管機關公告容許登載或播放事項。

簡單整理就是：**醫療機構介紹、醫師專長介紹、診療科別介紹、開業日期介紹、主管機關容許事項**。仔細一看就會發現，允許的內容都是非常中立、**客觀的營業事實**而已。

醫療廣告不可以宣傳的部分，規定在醫療法第 86 條，有：

一、假借他人名義為宣傳。

二、利用出售或贈與醫療刊物為宣傳。

三、以公開祖傳祕方或公開答問為宣傳。

四、摘錄醫學刊物內容為宣傳。

五、藉採訪或報導為宣傳。

醫療廣告可以宣傳的範圍

| 醫療機構
介紹 | 醫師專長
介紹 | 診療科別
介紹 | 開業日期
介紹 | 主管機關
容許 |

六、與違反前條規定內容之廣告聯合或並排為宣傳。

七、以其他不正當方式為宣傳。

再來談談「不正當方式」。

衛生署 94 年 3 月 4 日衛署醫字第 0940203047 號公告，不正當方式是指：

1 公開宣稱就醫即贈送各種形式之禮品、折扣、彩券、健康禮券、醫療服務，或於醫療機構慶祝活動，贈送免費兌換券等情形。

2 以多層次傳銷或仲介之方式。

3 未經主管機關核備，擅自派員外出辦理義診、巡迴醫療、健康檢查或勞工健檢等情形。

4 宣傳優惠付款方式，如：無息貸款、分期付款、低自備款、治療完成後再繳費等。

醫療廣告不能做的範圍

假借名義
宣傳

醫療刊物
宣傳

祖傳祕方
宣傳

採訪報導
宣傳

不正當方式宣傳

2016 年，衛福部醫字第 1051667434 號公告則規定了更多內容：

1 醫療法第一〇三條第二項所定內容**虛偽、誇張、歪曲事實、有傷風化**或以**非法墮胎**為宣傳之禁止事項。

2 **強調最高級**及排名等敘述性名詞或**類似聳動用語**之宣傳（如：「國內首例」、「唯一」、「首創」、「第一例」、「診治病例最多」、「全國或全世界第幾台儀器」、「最專業」、「保證」、「完全根治」、「最優」、「最大」……等）。

3 標榜**生殖器官整形、性功能、性能力**之宣傳。

4 **標榜成癮藥物治療**之宣傳。

5 **誇大醫療效能**或類似聳動用語方式（如：完全根治、一勞永逸、永不復發、回春……等）之宣傳。

6 以文章或類似形式呈現之醫療廣告，且**未完整揭示其醫療風險**（如：適應症、禁忌症、副作用……等）之宣傳。

7 **違反醫療費用標準**之宣傳。

8 **無法積極證明廣告內容為真實**之宣傳。

9 非用於醫療機構診療說明、衛生教育或醫療知識用途，利用「**手術或治療前後之比較影像**」進行醫療業務宣傳。

10 **非屬個人親身體驗結果**之經驗分享或未充分揭露正確資訊之代言或推薦。

11 以優惠、團購、直銷、消費券、預付費用、贈送療程或針劑等，具**有意圖促銷之醫療廣告宣傳**。

12 **其他違背醫學倫理**或不正當方式（如：國內尚未使用之醫療技術、宣稱施行尚未經核准之人體試驗……等）之宣傳。

上面這 12 條規定，通通都是用「不正當的方法」招攬病人。只要違反了規定，就是 5 萬至 25 萬元送給政府，所以大家可不要跟金錢過不去哦！

從案例
學醫療知識

醫療廣告的合法性

　　醫療廣告一直都是醫院、診所在宣傳時的痛點，因為政府在醫療法規定相當嚴格，使得正派的醫療院所很容易就觸法，相反的，地下電台的非法藥物廣告卻一直沒被有效地控管，看看地下電台的廣告，哪一個不是「全國第一」、「完全根治」、「無風險」，卻漫天舖地地占據了第四台與電台廣告。

　　所幸，有些法院對於正規醫療院所的醫療廣告，已經逐漸不再那麼嚴格，原則上只要內容不要誇大不實、聳動用語，仍然有機會可以過關。然而目前各法院看法並不一致，各地衛生單位也仍然會以衛生局自己的意見裁罰。

　　受裁罰的醫療院所若不服，就必須自己跑完訴願程序，再到行政法院提訴訟，才可以經由法院介入裁決。這樣的程序之下，在討回 5 萬元之前大概就已經累死了吧！

重點小提醒

只要是用「不正當方法」招攬病人，就可能被認為違反醫療法的規定而被罰錢，大家在診所宣傳時一定要特別小心才行。

最新判決
教我們的事

單元說明

這兩年有許多纏訟多年的醫療訴訟終於落幕，這些曾經攻占媒體版面的醫療訴訟中，有的甚至花了 10 年以上才終於塵埃落定。最後不管是病人方勝訴或醫療方勝訴，10 年的時間其實都已經造成兩敗俱傷，最後大家都只是拖著煎熬，把程序走完而已，沒有人是真正的勝利者。

這個單元主要幫大家回顧一下這些曾經登上新聞的醫療糾紛，最後法院的判決到底是如何？我們是不是也曾經跟著報章雜誌，誤會了哪個醫師？我們又從這些判決中學到了什麼？日後又要怎麼做，才能促進病人安全、避免醫療糾紛？

從這些判決，我們也可以看出**法院在醫療糾紛判決上的趨勢**，以前認為醫師有罪或無罪的案例，經過了這幾年，是不是因為觀念已經不一樣，而逆轉判決了呢？

所以接下來就讓我們來看看這些判決故事，並一起**從判決裡學習法院的判決趨勢**吧！

洗腎導管掉落，
導致病人出血死亡？

 案例

小玉是洗腎室的護理師，這次她被珍媽的家屬告上法庭了。珍媽是一位 80 幾歲失智的老太太，同時也因為腎臟不好，而必須要洗腎（血液透析）治療。

前幾天她在幫忙珍媽洗腎時，珍媽的洗腎導管不知道為什麼竟然脫落了，後來發現時，珍媽已經大出血休克，雖然趕緊搶救，但珍媽最後仍然遭遇不幸。

家屬無法接受這樣的結果，決定對小玉及醫院提出告訴並要求賠償。

➕ 家屬主張

小玉身為洗腎室護理師，怎麼沒有即時發現導管脫落？是不是沒有將導管鎖緊才會這樣？

➕ 護理師主張

小玉無奈地表示，如果導管脫落，理論上機器應該會停止運作，而當天珍媽已經洗了超過 40 分鐘，機器運轉並無問題，或許是珍媽自己掙扎，才使得導管掉落，況且當時她正在照顧另一床洗腎病人，無法隨時注意到珍媽的情況。

小玉說發現珍媽的導管脫落時，她也都有趕緊積極搶救，病人的死亡並不是她的錯。

您認為呢？

珍媽洗腎時，導管竟然脫落，導致大出血而遭遇不幸，護理師應該賠償嗎？（單選）

（A）導管脫落原因不明，無法建立因果關係，況且護理師小玉正在照顧其他洗腎病人，本來就無法隨時監測珍媽，因此沒有過失，不用賠償。

（B）導管不太可能因為外力扯落，因此應該是沒有旋緊，所以護理師小玉有過失，應該賠償。

235

🔍 醫療鑑定怎麼看

① 正常使用下，接頭應不至脫落

「導管接頭設計為螺紋卡榫以旋轉連接，正常使用下，若因流速、壓力等因素或有可能導致滲漏，除非另端迴路管接頭逆時針旋轉多圈，否則應不至造成脫落。」

② 接頭未鎖緊才有可能導致接頭鬆動

「無外力因素導致（導管）脫落情形極少，除非在血液透析時，病患本身靜脈壓力已經偏高，若此時又加上『接頭未鎖緊』，才有可能導致接頭鬆動……。」

③ 洗腎 45 分鐘後才脫落的可能性的確存在

「根據實務經驗，因為靜脈端乃是血液進入人體血管方向，靜脈端若未鎖緊，可能造成此端管腔之靜脈壓力降低，此時的壓力，若已經低於透析機設定之靜脈壓力容許範圍，就會發出警示聲響。至於是否可能洗腎長達 45 分鐘後發生，須視當時所謂未鎖緊的程度而言，可能性的確存在。」

🔍 法院判決這麼說

① 病人雙手約束且肌力不夠，可以合理排除自行旋開或拉扯的可能性

「依照護理記錄，當時病人四肢肌力為 3 分，只能在水平面上移動，自己拔除醫療管路的可能性較低，而病人戴有網狀乒乓約束手套，並無法用雙手抓取物品，將物品移動的可能性也低。

珍媽從病房移至血液透析室進行血液透析治療時，雙手是處在受約束的狀態，不僅無法抓取物品，肌力也只能水平移動，並無法拔除醫療管路，所以可以合理排除導管是珍媽自行旋開或拉扯，才脫落的可能性。」

② 不能以機器已經運轉 45 分鐘為由，推論導管在透析時已經栓緊

「血液透析機器本身並無法測試導管連接處是否確實鎖緊，就算沒有鎖緊，機器如果通過壓力、氣泡等相關偵測，仍然可以正常運轉，因此就不能以機器已經運轉 45 分鐘為理由，推論導管在透析開始時，就已經拴緊。」

③ 導管應是透析時，接頭就沒有鎖緊，最後才導致接頭鬆脫

「法官曾到醫院勘驗，當場測試同類型的血液迴路導管，導管在插入人體端後，如果將旋轉式鎖頭鎖緊，就算用力拉也無法脫落。且醫院也表示：『透析導管銜接後並旋緊接頭進行透析。旋緊固定後，不會因病人輕微扭動而鬆脫。正常情況下，不會因外力拉扯而鬆脫。』所以，導管本身既沒有瑕疵，也排除珍媽自行旋開、拉扯、扭動，或外力拉扯的可能性，那依照導管鬆脫的狀態，本件導管應該是在透析時，接頭（即螺帽卡榫）就沒有鎖緊，在開始引血後，因為病患靜脈壓力偏高，導致管路內壓力變大，最後才導致接頭鬆脫。」

最後法院認為，小玉在醫院為珍媽執行血液透析時，沒注意鎖緊透析導管接頭，造成接頭鬆脫，血液滲透機引血後無法正常回血，導致珍媽失血死亡，應該負損害賠償責任，醫院也要為小玉的過失負連帶賠償的責任。小玉與醫院應連帶賠償共 374 萬。

237

這題答案是（B）

導管不太可能因為外力扯落，因此應該是沒有旋緊，所以護理師小玉有過失，應該賠償

參考判決：臺灣高等法院高雄分院 105 年醫上字第 5 號民事判決

Dr. 大仁哥碎碎唸

這又是一件令人遺憾的故事。

法院調查後，認為病人的狀況不可能去拉扯管線，而法官也實地勘驗，就算一般人用力拉扯導線，導管也不容易脫落，既然如此，那導管脫落的原因大概就只剩「沒栓緊」了。雖然護理師主張如果沒栓緊，機器並不會運轉，但廠商表示只要壓力仍在閾值內，機器仍可運作。所以法官最後仍認為，應該是一開始就沒有確實栓緊，才導致後來的導管脫落。

重點小提醒 ∿

進行護理行為時，正常情況下病人並不會出事，因此一旦病人發生意料外的狀況時，常常沒有緩衝空間，法官很容易認為護理過失。所以一定要非常小心才行。

從案例
學醫療知識

血液透析與腹膜透析

　　透析就是**洗腎**的意思，透析有兩種方式，一種是腹膜透析、一種是血液透析。

　　血液透析是利用血液幫浦將血液引流出來至透析機器（人工腎臟），經由人工腎臟排除血液內的代謝廢物，如尿素氮、多餘電解質、多餘水分等等，再將乾淨的血液引流回體內。

　　腹膜透析則是先在腹腔植入一條導管，因為腹膜充滿微血管，所以利用腹膜做為透析的工具，將乾淨的透析液導入腹腔後，讓其自然過濾，之後再將透析廢液導出，反覆進行。

	腹膜透析	血液透析
導管位置	腹部	通常在手臂
透析方式	每天 3-4 次 每次約 30 分鐘	每週 3 次 每次約 3-4 小時
透析地點	家裡自行操作 可依自己時間安排	醫院血液透析室 必須安排固定時間
透析過程	較穩定，較無不適	變動大，容易不適

239

抽脂術後竟然喪命？
醫師要入獄服刑？

 案例

這一天，莫利來到大仁醫森的醫美診所接受抽脂手術。

大仁醫森大約花了 1 個多小時，在做完靜脈麻醉以及抽取 1250cc 脂肪手術後，大仁醫森問莫利：「手術後還好嗎？身體有沒有不舒服？」

「還 OK，沒什麼特別不舒服的地方。」莫利回答大仁醫森。

莫利表示身體沒有不適，後來就自己下了樓，並搭乘計程車離開。

然而在離開診所回到家後，莫利開始覺得心跳加速、呼吸困難，於是趕緊打 119 求救，此時大約才離開診所 3 小時左右而已。

不幸的是，119 將莫利送到醫學中心時，莫利已經沒有生命跡象，當天晚上，醫院就宣告急救無效。

這件案子，後來刑事部分經過檢察官偵查後，原本認為大仁醫森沒有違反醫療常規不起訴。但家屬再聲請交付審判，這次法院准許交付審判，於是案情正式進入法律程序。

➕ 家屬主張

大仁醫森術後竟然沒有盡到注意義務，任由莫利返家，才發生不幸結果。

➕ 醫師主張

術後莫利一切正常，我們已經跟她確認過她無任何不適，而且可以自行下樓，生命徵象當然都是正常的。

您認為呢？

這個過程中，您覺得大仁醫森有沒有哪裡有醫療疏失、違反醫療常規呢？（單選）

（Ａ）根據以上描述，大仁醫森並沒有明顯違反醫療常規的地方。

（Ｂ）大仁醫森沒有盡到術後注意義務，違反醫療常規。

醫療鑑定怎麼看

　　法院審理這個案件時，照例先送醫療鑑定判斷大仁醫森有沒有違反醫療常規。鑑定報告認為：

① 依照醫療常規，術後必須確定病人生命徵象穩定才能離院

　　「依照醫療常規，手術結束後應該在恢復室觀察病人生命徵象以及甦醒的程度，一般觀察時間不一定，但必須確定病人清醒及生命徵象穩定後才能離院。」

　　「恢復室的麻醉後照護常規是：先給予病人氧氣，並持續監測病人的生命徵象是否正常，包括血壓、血氧濃度、心電圖，觀察病人術後恢復情況，直到意識完全清醒，生命徵象穩定，病人能夠自己下床走路，才可以離開醫院或診所。」

② 如果省略評估生命徵象，就無法因應病人可能發生意外的情形

　　「抽脂手術後，到離院前的觀察，目的是為了使手術後的病人可以從麻醉後狀態恢復，而且確認生命徵象回復穩定。病人莫利在術中接受 Propofol（異丙酚）麻醉，手術後應該在醫師監督下，由合格的護理人員觀察及監控病人的狀況，因為此次手術並非大量抽脂，不需觀察過夜，但病人仍必須達到清醒且意識清楚，生命徵象（包括體溫、呼吸、心跳、血壓）穩定，才可以出院。」

　　「如果不能確實執行或省略這步驟，就無法因應治療病人可能發生的低體溫、低血壓、意識不佳發生意外、呼吸換氣功能不足而導致低血氧、呼吸停止等情形。」

法院判決這麼說

綜合鑑定與其他資料之後，法院認為：

① **如果只單憑醫護隨機的目視觀察談話，無法認為醫師有盡到術後觀察義務**

「一般手術的情形，在監測病人術後生命徵象以及意識狀況，藉以判斷病人是否已經恢復穩定的過程，其監測時間的長短雖然不是屬於絕對標準，但重點在於病人在術後的生命徵象以及意識清醒程度，是否與術前相似，而達到穩定的狀態。」

「至於如何確認是否已經達穩定狀態，則必須透過術前、術後監測所得的數值持續進行比對、觀察才可以判斷，抽脂手術本身，就是高度侵入性的醫療行為，執行的結果對病人的生命、身體安全存在較高的風險，術後對於病人生命徵象或身體狀況的觀察義務，理當應該用較嚴格的方式來檢視，如果只單憑醫護人員隨機的目視觀察、與病人談話、甚至病人自述身體沒有不適等方式，根本無法得知病人當下的體溫、呼吸、心跳、血壓，甚至血氧濃度為何，更不用說這種方式是否可以達到即時察覺病人的生命徵象與先前比較是否穩定，並且判斷是否應該給予適當的處置以維持的病人生命、身體安全，因此不能認為已經盡到術後觀察的義務。」

② **病患術前、術中、術後的生命徵象數據，病歷都沒有記載**

「大仁醫森對於術後並沒有親自或指示護理人員確實記錄病患生命徵象的監測，而只以病患術後一時在外觀上的自行穿衣、步行下樓、可對談、自認身體並沒有不舒服等表象，就下了病患生命徵象穩定及意識清醒的判斷，並請病人自行離去。這種『目視』的觀

察方式，除了無法得知病患術後當下的體溫、呼吸、心跳、血壓、血氧濃度等數值，也無法從時間發展來檢視病患這些檢測項目數據的變化，更不用說還要跟術前狀況互相比較，判斷生命徵象有沒有穩定。」

「大仁醫森所說的觀察方式，實際上既無法察覺病患血氧濃度在當時是否已經存有變化的徵兆，而病患在診所的病歷，有關術前、術中以及術後的生命徵象也都沒有相關的數據記載，在這種情形下，更別說大仁醫森有定時執行監測或記錄相關的數據，用來觀察病患生命徵象是否穩定。」

③ 被告沒有盡到術後必要之監測義務，因此有疏失

「醫師沒有盡到術後必要的觀察監測義務，導致無法及時發現病患生命徵象實際上還沒有回復到穩定的狀態，進而針對各種監測的項目，給予相對應的處置，或者交待病患必須就特定的病情及症狀多加留意並告知病患處理方式，因此大仁醫森的確沒有盡到術後的觀察監測義務，有疏失。」

這個案例中，醫療鑑定報告認為術後必須監測生命徵象，才能確保病人安全，但法院卻調查出病人術前、術中、術後竟然都沒有生命徵象記錄。

大仁醫森因為沒有確實評估病人生命徵象，因此法院認為大仁醫森有醫療過失，最後大仁醫森被法院認為成立業務過失致死罪，甚至要入獄服刑。

但在醫療糾紛中，就算醫師有醫療過失，法官通常還會再給醫師機會而給予緩刑或易科罰金，讓醫師不用真的被關。

但這個案例中，大仁醫森卻還要入獄服刑，這是為什麼呢？法院說：

① 被告醫師對此次抽脂手術態度輕忽

「大仁醫森除了以輕率方式，對病患進行實際上並沒有意義的觀察，沒有盡到必要的觀察義務外，在審判的過程中，一再堅持『病患這次是第二次抽脂，第一次來抽脂時都沒事！』，但從病患在診所的病歷看來，除了沒有看到護理記錄記載手術過程、病患當時身體情況的相關數據資料以外，之前病患第一次抽脂時，手術過程中抽出的脂肪、血水、水分數量多寡，都有拍攝照片附在病歷。但這次第二次抽脂，病歷內卻沒有任何可以證明抽脂量多寡的照片，所以可推知，大仁醫森存有病患第一次手術手術順利，第二次手術也應該會順利，而不用再特別注意的僥倖、無所謂心態，大仁醫森已經表現出對此次抽脂手術有輕忽的態度。」

② 被告醫師沒有持謹慎態度，已經不是第一次

「再參考大仁醫森之前曾經因為使用沒有經過核准用在溶脂手術的銣雅鉻雷射，為病患進行溶脂手術，導致病患皮膚受到灼傷，而有業務過失傷害的前科記錄，可見被告大仁醫森對於為病患執行抽脂手術並沒有持謹慎態度，已經不是第一次了。」

③ 被告醫師對診所的訓練要求鬆散，明顯缺乏病患安全的重視

「證人護理師表示有關本件手術的執行過程、術後病人的照護內容、依法應該由護理人員製作的護理記錄，都是事後由大仁醫森書寫等，這些內容也可以知道大仁醫森對自己所經營診所的業務監督、管理已經不周全，而且對護理人員的教育訓練及要求

鬆散，足以認為大仁醫森對於整體診所經營、所屬人員的專業能力、醫療行為的執行都有輕忽、草率的態度，這些都反映出大仁醫森身為為病患執行抽脂手術，以獲取利益的執業醫師，卻顯然缺乏『對醫師職業及病患生命、身體安全應該給予相當的重視』，此心態明顯可議，應該要究責。」

④ 被告醫師絲毫沒有反省之意

「大仁醫森犯後絲毫不見有任何反省的意思，而且事發後到現在，仍然沒有跟被害人家屬達成和解、給予被害人家屬應該的賠償，犯後態度不佳，所以處有期徒刑 2 年。」

所以最後法官沒有給大仁醫森緩刑，大仁醫森必須入獄服刑。

「抽脂死亡案」歷年判決結果

檢察官		地方法院	高等法院	最高法院
不起訴	交付審判	醫師有罪	醫師有罪	醫師有罪

這題答案是（B）

大仁醫森沒有盡到術後注意義務，違反醫療常規

參考判決：臺灣高等法院高雄分院 106 年度醫上訴字第 4 號判決

Dr. 大仁哥碎碎唸

　　這個案子醫師因為沒有確實評估病人生命徵象，因此被認為違反醫療常規而有過失，又因為事後態度不佳而沒有獲得緩刑，最後三審定讞必須入獄服刑。

　　因此提醒各位醫療人員：**在醫療過程中，態度上請保有謹慎而不隨便；執行面，則是要確實做到記錄病人的生命徵象，這樣才可以確保病人安全，自己也才能遠離訴訟。**

抽脂術後死亡？醫師要入獄的原因是？

抽脂術後病患死亡

為何有罪？
1. 僅憑目視，無法確實得知病人生命徵象
2. 手術前中後，均無生命徵象記錄
3. 未盡術後監測義務，有疏失

沒有緩刑？
1. 醫師此次手術態度輕忽
2. 醫師未謹慎態度，已非首次
3. 醫師對診所訓練要求鬆散，缺乏病安之重視
4. 醫師未和解，無反省之意

重點小提醒 ～∧∧∧～

對於手術病人，不管術前、術中、術後都要確實記錄生命徵象，才可以確保病人安全！

交付審判

這篇文章中提到「交付審判」，到底「交付審判」是什麼意思呢？

通常我們要提告刑事案件時，檢察官會先介入調查，調查後，會有兩種結果。

第一種：如果檢察官覺得對方嫌疑重大，則會正式將對方起訴，起訴後接著就進入法庭的程序，由法官審判。

第二種：檢察官如果覺得對方沒有犯罪的嫌疑，就會下個「不起訴」的處分，一般如果是「不起訴」，原則上案子到這裡就結束了。

但真的「不起訴」就算了嗎？常常很多人會覺得明明對方就是罪證確鑿，檢察官竟然「不起訴」？怎麼可以這樣！

這時候如果不服這個「不起訴處分」，就可以提出「再議」。如果「再議」通過，檢察官就必須再繼續調查對方是不是仍有嫌疑，再次決定要不要起訴。

而如果「再議」失敗，案件的告訴人卻還是不服氣，那就可以直接跟法院提「交付審判」，直接由法官裁判該不該進入法庭審判。

這個案子，就是病人提告之後，檢察官原本認為醫師沒有違反醫療常規，給予醫師「不起訴」。但病人家屬不服，提「交付審判」被接受，而正式進入法院程序，最後經過三審定讞，認為醫師違反醫療常規而必須入獄服刑。

整形外科 4-3

開刀治腿失敗變截肢，
醫師有醫療過失嗎？（上）

 案例

14 歲的凱特因為騎車出了車禍被送到急診，急診醫師發現凱特的右小腿腫脹、足背動脈無脈搏，因此急診立即會診整形外科大仁醫森。大仁醫森認為凱特的小腿有腔室症候群的情形，必須馬上安排筋膜切開術。

手術順利完成，凱特術後到一般病房住院，繼續治療及觀察。

大仁醫森在術後當天及隔日，都有查房訪視凱特，確認凱特手術後末稍血液循環的狀況，但接下來兩天，大仁醫森則是週末休假，沒有親自到院檢查凱特的復原情形，改由值班醫師確認循環狀況。

然而到了星期一，凱特的傷口開始持續出現黃褐色滲液及惡臭，懷疑發生組織壞死的情形，凱特認為大仁醫森疏於照顧她術後的狀況，忍無可忍之下，半夜辦理自動出院，改到鄰近的其他醫學中心就診。

沒想到醫學中心卻診斷「外傷性脫臼未復位、膝部血管外傷性阻塞併發右下肢缺血性壞死及敗血症」，必須做右下肢截肢手術。

凱特被截肢後心有不甘，決定控告大仁醫森刑事醫療過失。

✚ 檢察官主張

凱特轉入一般病房後，大仁醫森身為主治醫師，應該詳細注意病人的病情，尤其應該注意觀察凱特接受筋膜切開術後，患肢末梢血液循環是否良好，但是大仁醫森竟然疏忽，並未注意，只有在手術當天及隔天前往病房，觀察凱特末梢血液循環情況，之後就沒有再前往病房查看凱特術後患肢的末梢血液循環是否良好。因此大仁醫森有醫療疏失。

✚ 醫院主張

凱特住院期間傷口雖然有感染的現象，但抗生素從第一代抗生素換成更強的第三代後，細菌培養也從陽性轉為陰性，已經有效抑制細菌，而且右下肢血液循環已經呈現良好的跡象。

況且凱特右下肢的腔室壓力，術前非常地高，就算筋膜切開手術有效，仍然有很高的比率會截肢。醫療處置並沒有違反醫療常規。

您認為呢？

您覺得大仁醫森有醫療過失嗎？（單選）

（A）病人的腿是車禍造成的，大仁醫森只是治療失敗，應該沒有過失。

（B）大仁醫森雖然開刀救了腿，但沒盡到術後照顧責任，仍有過失。

醫療鑑定怎麼看

醫審會的鑑定報告認為：醫師術後照顧時，沒有觀察病人患肢血液循環狀況，明顯沒有盡到診療上的注意。

「因腔室症候群接受筋膜切開術的術後照顧，重點在於末梢血液循環是否足夠。本案依照術後的照顧記錄，並不能呈現末梢血液循環狀態，這部分違反醫療常規。如果大仁醫森術後沒有觀察患肢的血液循環狀況，則明顯沒有盡到診療的注意義務。」

法院判決這麼說

① 醫師提不出病程記錄，證明自己有到病房觀察病人血液循環的狀況

「醫師雖然辯稱他手術後都有到病房查訪，也有帶著實習醫師一同去查訪，但證人證稱大仁醫森只有來過病房一次，而且是在病人開完刀後，在病房外面遇到的，因此大仁醫森的說法跟證人的證詞不一樣，況且大仁醫森也提不出病程記錄，來證明他真

的有在病人住院期間，到病房觀察病人患肢末梢的血液循環是否良好。」

② 值班醫師的證詞也無法確實證明病人在住院期間血液循環良好

「值班醫師小 A 證稱：『他過去幫凱特換藥，當時的傷口紅潤是正常的，並沒有其他的異常。』證人值班醫師小 B 證稱：『更換副木後，有個常規動作是確認末梢血液循環，可藉由按壓指甲，觀察血液回復的狀況來決定，這病人他記得有更換副木，但已經不記得血液循環狀況，可是應該沒有異常，而且當天晚上護理記錄也記載傷口微滲粉紅色，表示血液循環良好。』」

「但證人小 A、小 B 兩位醫師也是本案過失傷害的被告，他們的證言跟自己是否需要負責過失責任具有相當的關聯，難免偏頗，更何況他們兩人的證述，也沒有任何病程記錄可以當證明。」法官這麼說。

「醫事審議委員會也認為『本案依照術後的照顧記錄，並不能呈現末梢血液循環狀態，這部分違反醫療常規』，況且凱特右下肢確實是因為右膝脫臼移位壓迫到動脈，導致血管阻塞，並產生缺血性組織壞死及敗血症，因此才截肢。因此證人的證言，並不能證明凱特在住院期間的末梢血液循環良好。」

最後法院判決認為，大仁醫森疏於注意術後的末梢血液循環，明顯沒有盡到診療上的注意，有醫療過失，成立業務過失傷害罪。

這題答案是（B）

大仁醫森雖然開刀救了腿，但沒盡到術後照顧責任，仍有過失

參考判決：臺灣高等法院 103 年度上易字第 665 號判決

在大仁醫森被判決有罪定讞後，經過好幾年，大仁醫森終於爭取到再審的機會。而多年過後再重新審判時，法院會怎麼看待大仁醫森呢？

下一篇，我們再來看看再審法院怎麼說。

Dr.大仁哥碎碎唸

在這個案件中，不管是醫療鑑定或法院判決內容，都再次強調了病歷記載的重要性。例如：

鑑定報告說：「本案依術後照顧記錄，並未能呈現末梢血液循環狀態，此部分有違醫療常規。」

兩位醫師證人雖然說有確認血流循環狀況，但法院則說：「他們兩人的證述，也沒有任何病程記錄可以當證明。」

法院評斷大仁醫森的辯詞，則認為：「大仁醫森也提不出病程記錄，用來證明他真的有在病人住院時，到病房觀察病人患肢的末梢血液循環是否良好。」

這個判決再次強調了病歷記載的重要性。因此請各位醫師們看

過病人，就一定要做好病歷記錄，**病歷記錄不僅可以代表醫師有持續注意病人的狀況，也可以即時發現病人的異常情形並盡快處理，也確保病人的安全。**

「開刀治腿失敗變截肢」，判決有罪的理由

1
鑑定報告：
依術後照顧記錄，並未能呈現末梢血液循環狀態，此部分有違醫療常規

→

法院判決：
醫師未確認血液循環狀況，違反醫療常規

2
證人表示：
當時傷口紅潤，為正常的濕滲，並無其他異常

→

法院判決：
證人之證述並無任何病程記錄可資證明

3
被告醫師：
手術後均有至病房查訪，也有帶實習醫師同去查訪

→

法院判決：
不能提出病程記錄以證明其確實有至病房觀察病人患肢末梢血液循環是否良好之事

重點小提醒 ～〰〰～

病歷記載真的很重要，醫師、護理師們看過病人之後，一定要詳細做病歷記錄，這不僅是保護醫療人員，同時也是保護病人！

從案例
學醫療知識

腔室症候群

什麼是腔室症候群呢？

　　手臂及腿部的肌肉組織是一群一群被強韌的筋膜包覆住，這些筋膜雖然堅韌，但並不像肌肉那麼有彈性。所以當包覆在裡面的肌肉受傷腫脹或是出血時，腫脹的組織被包覆在沒有彈性的筋膜內，會增加這些腔室裡的壓力，而腔室裡壓力一旦越來越大，就會影響正常的血液循環，導致循環不良，而使肌肉組織缺血壞死，這就叫「腔室症候群」。

　　當「腔室症候群」發生時，為了避免組織因壓力過大、缺血壞死，就必須將筋膜切開，宣洩壓力，這也就是為什麼要用「筋膜切開術」來治療處理「腔室症候群」的原因了！

正常的肌肉及筋膜　　　　壞死的肌肉組織造　　　　用筋膜切開術舒解
　　　　　　　　　　　　成腔室內壓力上升　　　　腔室內的壓力

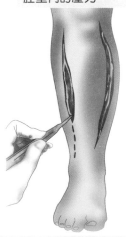

開刀治腿失敗變截肢，
醫師有醫療過失嗎？（下）

❤ 案例

14 歲的凱特因車禍導致小腿腔室症候群，經大仁醫森開刀治療後，沒想到轉院後卻遭截肢。一審法院判決大仁醫森無罪，二審法院卻逆轉認為大仁醫森有醫療過失、有罪。

大仁醫森想上訴，但沒想到此案照法規不能上訴三審，判決因此確定。

後來大仁醫森經過多年努力，提出「再審」通過，高等法院因而重新審理，法院這次再重新釐清幾個問題點：

🔍 待釐清疑點 1 術後循環狀況如何? 到底有沒有組織壞死?

根據醫療鑑定報告：「由傷口照片判斷，並沒有明顯水泡。皮膚傷口邊緣輕微滲出鮮紅色血液，一般表示皮膚血液循環良好，因此判斷右下肢血液循環良好。且肌肉部分皆呈現紅色或淡紅，並沒

有發白或發黑的現象，右下肢肌肉組織，應該沒有大範圍壞死。」

因此法院認為：「凱特轉院到醫學中心後，同一天凌晨 3 點多急診的護理記錄記載『皮膚溫度溫暖、皮膚顏色粉紅、皮膚完整性傷口』、凌晨 3 點 22 分才出現『右下肢發紺』等內容，因此凱特轉院前右下肢的血液循環應該仍然良好。」

疑點 1 結論：轉院前，傷口血液循環良好，並沒有肌肉組織壞死情形。

🔍 待釐清疑點 2　轉院後，醫學中心發現的膝關節脫臼，是何時發生的?

依據醫療鑑定：「根據轉院前後所拍攝的照片研判：無法排除右膝部關節脫臼發生在轉院的過程中，而且根據病患轉院到醫學中心時的照片判斷，右小腿及足部的血液循環都還良好，因此脫臼發生的時間應該不超過 1 到 2 小時。」

法院認為：「凱特非常有可能是從醫院轉院後，移動身體並坐救護車轉院到醫學中心的過程中，因為搬運、移動這些因素，遭受到外力碰撞或搖晃，才造成膝關節脫臼，否則無法解釋為什麼凱特剛轉到醫學中心時，3 點 19 分拍攝的照片，顯示右小腿肢體血液循環良好，X 光結果卻發現脫臼的現象，這應該也是醫療鑑定判斷脫臼發生時間應該不超過 1 到 2 小時的理由。」

法院還說：「凱特之所以轉院，並不是醫師依據當時醫療情況判斷的指示，而是凱特自己辦理轉院，因此應該由凱特自行承擔轉院過程中的風險。」

既然凱特在住院期間沒有發生膝關節脫臼的情形，當然就不能叫大仁醫森對凱特轉院過程可能的風險、以及為轉院後發現右膝關節脫臼、壓迫動脈、組織壞死必須截肢的結果負責。

257

疑點 2 結論：凱特膝關節脫臼並導致動脈阻塞及組織壞死，應該
　　　　　　是轉院過程中造成，與大仁醫森無關，且病人應該
　　　　　　自己負擔轉院的風險。

待釐清疑點 3　凱特車禍剛送到醫院時，大仁醫森並沒有安排血管攝影，是否符合醫療常規？

　　法院說：「凱特接受筋膜切開術後的住院期間，右下肢血液循環都還良好，因此大仁醫森就算沒有依照急診醫囑安排，進行血管攝影檢查，也不能認為有任何疏失。」

　　鑑定報告也認為：「入院護理記錄有記載病人『末梢血循可』，由此可以判斷病人下肢末梢血液循環已回復。當血液循環障礙或懷疑血管損傷，才需要施行血管攝影檢查。凱特術後沒有接受血管攝影檢查，不能認為違反醫療常規。」

　　「既然凱特在住院期間沒有發生右膝脫臼、壓迫動脈，值班醫護人員也都沒有發現凱特右下肢血液循環異常，醫院護理病歷也顯示，凱特住院期間四肢溫度、脈搏都正常、膚色粉紅，因此凱特術後血液循環良好，此時就算大仁醫森沒有依照原先急診醫囑再安排進行血管攝影檢查，也沒有過失。」

疑點 3 結論：病人術後循環良好，沒有安排血管攝影檢查的必要，
　　　　　　因此沒有違反醫療常規。

待釐清疑點 4　病歷記錄沒有記載術後傷口血液循環狀況？

　　「就算認為大仁醫森或其他醫護人員，手術後沒有詳細記載末

梢血液循環狀態，違背一般的『醫療常規』或許有疏忽，但這並不是凱特截肢重傷害結果的條件；也就是說就算大仁醫森未依照實際照顧觀察患肢的情形，詳細記載血液循環狀況，也跟凱特之後的重傷害結果並沒有影響，二者之間沒有相當因果關係，因此不能說大仁醫森有過失責任。」

疑點 4 結論：就算大仁醫森沒有記載血液循環狀況，也與後來凱特截肢沒有因果關係。

　　綜合以上幾點，最後法院的總結認為：大仁醫森沒有醫療過失，最後改判無罪，案情終於劃下句點。

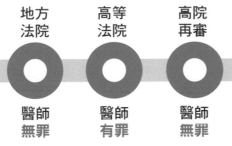

「筋膜切開截肢案」歷年判決結果

地方法院	高等法院	高院再審
醫師無罪	醫師有罪	醫師無罪

這題答案是無罪

大仁醫森沒有醫療過失，最後改判無罪

參考判決：臺灣高等法院 107 年再字第 7 號刑事判決

Dr. 大仁哥碎碎唸

這個案子竟然在定讞後，由「再審」途徑翻案了！經歷了 11 年終於還了醫師清白。

雖然經過了 11 年，醫師終於無罪確定，但一切的源頭來自於病人認為醫師術後沒有親自查房確認傷口狀況，導致病人不信任。所以**這個案例，要提醒醫師們應要更努力建立醫病關係，也提醒病人和家屬們應該要更信賴醫師，不要用訴訟去解決糾紛，如此才不會兩敗俱傷！**

「開刀治腿失敗變截肢」，逆轉無罪的理由

1

疑點：
術後循環狀況如何？有沒有組織壞死？

→

法院判決：
病人住院期間，血液循環良好，無肌肉組織壞死之情形

2

疑點：
膝關節脫臼，是何時發生？

→

法院判決：
膝關節脫臼是轉院後才發生，病人要求轉院，須自負風險

3

疑點：
未安排血管攝影，是不是違反醫療常規？

→

法院判決：
下肢循環良好，故未安排血管，攝影檢查，並無違反醫療常規

4

疑點：
未詳細記載術後傷口循環，是否違反醫療常規

→

法院判決：
雖然違反醫療常規，但與截肢、結果沒有相當因果關係

從案例學法律知識　再審

原本在刑事訴訟法的規定中，過失重傷害罪不能上訴第三審，二審就定讞了。而前幾年才終於修法通過，改成：如果一審無罪、但二審被逆轉有罪時，則可以上訴三審。

但這個案子跟上訴三審其實無關，這個案子走的是「再審」程序。**「再審」白話一點的意思就是判決確定「蓋棺」後，再重新「開棺」審理。**

但並不是所有的案件都可以重新「開棺」審理，刑事訴訟法第420、421、422 條有規定哪些情形可以申請「再審」，至於個別案件有沒有符合這些情形，就必須跟律師討論看看！

重點小提醒 ⋯⋯⋯⋯

醫療過程是一連串的療程，從住院前到出院後都是療程的一部分，並不是只有開刀的當下是醫療的關鍵，其實後續的照顧也都很重要。

因此從病人的角度，千萬不能以為開完刀就沒事了，整個療程順利才是真的治療成功。從醫院、醫師的角度，不僅要小心術後照顧，也要跟病人做好溝通，說明術後可能的風險，讓病人更瞭解病程才行！

執行心導管術要不要葉克膜待命？ 10 年終於有答案！

♥ 案例

最近 Tony 因為常常胸悶不適，來找心臟內科大仁醫森看診，大仁醫森認為 Tony 有心血管疾病，需要做心導管進一步檢查及治療。

Tony 接受心導管術時，大仁醫森卻發現 Tony 心臟的三條冠狀動脈皆嚴重阻塞，可能需要開刀做冠狀動脈繞道手術，但如果不願意手術，保守一點還是可以繼續嘗試用心導管疏通心臟冠狀動脈，就算選擇繼續用心導管疏通，風險也依然很高，萬一心導管在疏通時刺激到心臟，可能引發心跳停止，嚴重時甚至有裝葉克膜急救的必要。

在經過與家屬討論各種方案之後，家屬還是決定先用心導管術拚拚看。

但在大仁醫森嘗試用心導管繼續治療時，Tony 不幸發生心臟休克，果真急需葉克膜救命。

大仁醫森當下立刻緊急連絡合作醫院的心臟外科小張醫師，希望葉克膜團隊趕緊前來幫忙，但萬萬沒想到，小張醫師表示當下正在幫病患開刀，無法立即趕到。

終於在一個多小時後，小張醫師的葉克膜團隊才終於趕到醫院，幫 Tony 安裝上葉克膜。

但最後 Tony 仍然併發多重器官衰竭，不幸離世。

➕ 檢察官主張

檢察官認為，大仁醫森應該確認合作醫院的葉克膜團隊是否能前來協助，先做好待命準備後，再幫 Tony 安排心導管。大仁醫森竟然沒有事先安排好，就貿然為 Tony 實施心導管術，才導致當 Tony 急需葉克膜急救時，葉克膜團隊卻沒空！因此大仁醫森有醫療過失。

➕ 醫院主張

葉克膜團隊並不是做心導管手術的必要條件，醫療常規上並沒有事先通知葉克膜團隊待命的規定。大仁醫森並沒有疏失。

您覺得大仁醫森有醫療過失嗎？該不該事先知會葉克膜團隊，請他們待命呢？（單選）

（A）大仁醫森只要謹慎一點，先知會葉克膜團隊待命，就可以避免不幸發生，因此有醫療過失。

（B）葉克膜團隊並無法一直待命，醫院並沒有這種常規，大仁醫森沒有醫療過失。

醫療鑑定與高等法院這麼說

案子送了醫療鑑定，醫療鑑定認為：

醫院沒有隨時提供葉克膜團隊，就貿然實施心導管術，有疏失的嫌疑

「本案件並不是情況緊急的急性心肌梗塞，病人罹患的心臟病是高風險性疾病，如果在同一醫院內，沒有隨時可提供心臟外科團隊或葉克膜設備的支援，或在 20 分鐘內無可供轉診的醫院，就貿然執行此高風險性的心導管介入治療，恐怕有疏失的嫌疑。」

所以二審的高等法院依據鑑定報告，認為大仁醫森成立業務過失致死罪，並處大仁醫森五個月的有期徒刑。

再次醫療鑑定

但大仁醫森認為，按照醫療常規，並不可能在每個病人實施心導管術時，都可以有葉克膜團隊待命，醫療上根本沒有「葉克膜團隊必須待命」的常規，所以大仁醫森提起上訴。並請來了心臟科醫師當證人，證人也表示依台灣現況，根本無法有葉克膜團隊隨時待命。

「沒有任何醫療法規規定要在具備葉克膜狀態下進行心導管手術，而且以台灣的現狀來說，有能力的心臟外科醫生及葉克膜團隊不到 50 人，因此在台灣做心導管治療，只需要醫院裡有心臟外科醫師就可以進行。」證人醫師表示。

「依據醫療常規，沒有說一定要有葉克膜設備，一般常規並不會在實施心導管手術前，就先通知葉克膜團隊準備支援，而是當認為病人狀況不順利，繼續使用內科治療方式有困難時，才會請葉克膜團隊來置放葉克膜。」

聽了心臟科醫師這麼說，法院只好再將案子送醫療鑑定，請醫療鑑定判斷到底有沒有「葉克膜團隊必須待命」的醫療常規，這次鑑定這麼回覆：

① **葉克膜並沒有列入心導管手術的標準配備，也沒有法令規定要有葉克膜，才可以實施心導管術**

「急性心肌梗塞後，造成心因性休克且心肺復甦術後無效，是葉克膜使用適應症之一，目前在醫學中心多配備有此機具，但目前尚未列入一般心導管手術及區域型醫院的標準配備。」

「目前並沒有相關法令規範醫院必須同時在院內配置『體外循環維生系統』（葉克膜）下，才可以實施心導管檢查或心導管手術。」

② **醫師已經解釋治療方式選擇，家屬也同意做心導管治療**

　　「大仁醫森手術前已經善盡告知義務，包括心導管檢查發現、治療之選擇與替代方案及心導管支架置放術的高風險性（如休克、緊急手術或死亡可能），而且在家屬瞭解同意後，才實施心導管手術，因此並沒有不妥。」

③ **依照治療指引，醫師的醫療行為皆合理**

　　「雖然本案前次的鑑定意見說，在同一醫院內，如果沒有隨時可提供心臟外科團隊或葉克膜設備之支援，或於 20 分鐘內沒有可供轉診之醫院，就貿然執行這高風險性的心導管術介入治療，並不合理；但如果心導管手術當天，已經有相關具有經驗的醫療團隊，或外科醫師到場支援，並提供病人葉克膜設備置放或緊急外科手術，則依治療指引，醫師的醫療行為尚稱合理。」

高等法院更審這麼說

　　根據這次的鑑定報告，最後法院終於認為大仁醫森：

① **沒有任何醫療法規規定心導管手術時必須配備葉克膜設備**

　　「目前並沒有任何醫療法規規定醫師在為病患實施心導管手術時，院內必須配備葉克膜設備，而在本件案發時，其他與大仁醫森所任職的醫院同為區域醫院中，院內的醫師在為病患實施心導管手術，院內也沒有配備葉克膜設備。」

② **全國心臟外科不可能只為提供葉克膜待命，而不顧其他病患**

　　「以台灣現狀來講，有能力的心臟外科醫生及葉克膜團隊不

到 50 人，因此如果每天 200 餘件醫師進行心導管檢查前，都必須向全國不到 50 人的葉克膜團隊告知而預約，那葉克膜團隊的所有醫事人員必須在接獲需求告知時，就必須排除其他門診及相關事務，而處在隨時可以提供支援的狀態，這不僅在心導管術件數需求與葉克膜團隊的人數提供上，無法因應，事實上，葉克膜團隊的心臟外科醫師也有各自原本的門診及相關醫療行為必須進行，並不可能不顧其他病患權益，而只為提供葉克膜設備支援而待命。」

③ **病患死亡雖屬遺憾，但不能因此認為有醫療過失**

「病患在手術過程中突然發生灌流不良、心肌梗塞及心因性休克的緊急狀況時，雖然經大仁醫森聯絡合作醫院心臟外科醫師，請求葉克膜團隊的支援，卻因醫師在外院進行手術而不能即時趕到，最終才導致發生病患死亡的結果，此結果的發生雖然令人遺憾，但也不能苛責被告醫師。」

這題答案是（B）

葉克膜團隊並無法一直待命，醫院並沒有這種常規，大仁醫森沒有醫療過失

參考判決：臺灣高等法院 105 年重醫上更（一）字第 4 號判決

「心導管葉克膜案」歷年判決結果

地方法院	高等法院	最高法院	高等法院
醫師無罪	醫師有罪	撤銷有罪判決	醫師無罪

Dr. 大仁哥碎碎唸

　　這個案子當時高等法院判決醫師有罪時，不管是在醫界還是法界都是沸沸揚揚，有罪判決支持者認為：醫師沒有預先確認心臟外科醫師待命，導致病患發生狀況時，無法立刻安裝葉克膜，才使病患死亡而有醫療疏失。

　　然而反對者認為：全國並沒有執行心導管術時，必須有「葉克膜或心臟外科醫師隨時待命」的規定，法官怎麼可以自己創造「醫療常規」？

　　（事實上也不全是法官的錯，因為一開始的鑑定報告認為，醫師如果沒有事先確認心臟外科醫師可以即時支援，那就有疏失之嫌疑）

　　幸好後來最高法院撤銷高等法院的判決，請高等法院重新審判。

　　重新審判後，才終於依據當時醫療現況（全台團隊不到 50 人，怎麼能不顧其他病患權益而只為葉克膜待命）以及法律規範（目前

沒有相關法令規範醫院必須同時於院內配置葉克膜，才可以實施心導管檢查或心導管手術），終於判決醫師無罪，還醫師一個清白。

「未連絡葉克膜團隊」，判決逆轉的理由

鑑定報告：
病人並非情況緊急的急性心肌梗塞病人，罹患之心臟病為高風險性疾病，若在同一醫院內無隨時可提供心臟外科團隊或葉克膜設備之支援，或在 20 分鐘內無可供轉診之醫院，就貿然執行此高風險性之心導管介入治療，恐怕有疏失之嫌疑

1 法院判決：
葉克膜尚未列入心導管手術之標準配備

2 法院判決：
無任何醫療法規規定心導管手術時必須配備葉克膜設備

3 法院判決：
全國心臟外科不可能為提供葉克膜待命而不顧其他病患

重點小提醒 ～〰〰〰

雖然病人的不幸結果令人遺憾，但不代表醫師就是違反醫療常規。事前的溝通或許有助於病人方對於疾病的瞭解及理解疾病的可怕。做好醫病溝通才能真的避免醫療糾紛。

體外循環維生系統（ECMO）

　　俗稱的**葉克膜（ECMO）**正式名稱其實是**體外循環維生系統**，葉克膜算是可以暫時性取代心肺的功能，甚至如果這麼問：「人的心臟停了，可以活嗎？」以現在的科技來說，的確可以！只要裝上葉克膜，至少當下是「活著」的。

　　然而雖然葉克膜可以暫時取代心臟的循環功能，但因為使用葉克膜容易有血栓的風險，病人必須同時使用抗凝血劑才行，所以病人如果長時間使用葉克膜維生，將容易發生併發症，如感染、出血、組織壞死……等等。

　　因此葉克膜也不是萬能，除了僅適合使用在某些情況以外，如果病人在使用葉克膜期間病情沒有改善，那醫療終究也是有其極限。

使用眼藥水導致失明，是醫療過失嗎？

💙 **案例**

9 歲的小青因為近視到大仁醫森的眼科診所就診，大仁醫森建議她配戴角膜塑型片，來進行近視矯正，但小青在這期間，常有眼睛發癢、紅腫、發炎、甚至破皮的情形，所以大仁醫森就開立含有類固醇的眼藥水（共 19 次）給小青治療。沒想到治療 2 年後，小青因視力逐漸模糊，到大醫院檢查，卻發現眼壓過高、有慢性青光眼的情形，且左眼視力已經喪失、右眼也只剩下微弱的視力。

小青的爸媽查了資料後發現，長期使用含類固醇的眼藥水，可能會讓眼壓升高、導致青光眼，質疑大仁醫森怎麼沒有監測小青的眼壓，才讓小青最後雙眼幾乎失明。

檢察官調查後，認為大仁醫森沒有醫療過失，所以並沒有將大仁醫森起訴。但小青爸媽決定直接向法院提出自訴……。

➕ 家屬主張

醫師應該要知道，使用類固醇藥水應定期監測眼壓，但是醫師卻沒有這麼做，才導致小青失明。

➕ 醫師主張

眼壓是每個醫生看診時一定會養成的習慣，我們一定會上細隙燈去檢查，且診療時會用手去翻眼皮、拉眼皮，同時用手指去壓眼球看眼壓高不高，不論是不是使用類固醇藥水的病患，甚至初診的病人都會量測眼壓。

另外，也一定會說明藥水使用的天數、次數，但實在不會告知病患點了此藥水會失明，重點不是讓病患知道眼藥水的副作用，而是讓病患知道這是類固醇，只能點幾天就要停藥。

您認為呢？

你覺得點眼藥水沒監測眼壓，最後病人失明，是醫療過失嗎？（單選）

（A）病人失明是藥物或然率的罕見併發症，因此不算是醫師過失。
（B）一般情形下，使用眼藥水並不需監測眼壓，因此醫師沒有過失。
（C）醫師如果沒有監測眼壓而導致病患失明，會有刑事責任。

醫療鑑定怎麼看

① 依病歷記錄，並沒有測量眼壓的記錄，不符合醫療常規

「小青使用含有類固醇眼藥水期間（每日 2 至 3 次，每次處方 3 天，每次間隔 2 週以上，為期 2 年），依眼科診所病歷記錄，並沒有眼壓檢查的記錄，開立含類固醇藥水時，部分感受性高的病童，會導致眼壓升高。本案醫師於小青使用含有類固醇眼藥水期間，依病歷記錄，並沒有測量眼壓的記載，不符合醫療常規。」

② 根據仿單，長期使用的確需要監測眼壓才符合醫療常規

「根據診所所開立、類固醇藥水的藥物仿單，長期使用的確需要對病童實施眼壓監測或檢查，才符合醫療常規。如果長期接受此類固醇藥水，而沒有監測檢查病患眼壓，的確違反藥物仿單所記載的建議，而違反眼科醫療常規。」

③ 依病歷資料，並無法排除病人青光眼是長期使用類固醇造成

「造成兒童性青光眼的原因很多，有原發性之遺傳性青光眼、葡萄膜炎引起的青光眼、眼睛受傷引起的青光眼、類固醇或藥物引起的青光眼、腫瘤所引起的青光眼、早產兒視網膜病變相關的青光眼。然而依據病史及大醫院的病歷診斷，找不到資料可排除長期使用類固醇所造成的青光眼。長期使用類固醇藥水的風險可能造成次發性的青光眼、白內障和角膜潰瘍，對病童則可能導致眼壓上升，視神經組織萎縮，而造成青光眼風險增加。」

「如果醫師監測發現眼壓上升，在病情允許下，應停用類固醇藥水，並視情況決定是否使用降眼壓藥物治療。若藥物無法降低眼壓時，則考慮使用手術方法控制眼壓，以減緩視神經組織萎縮速度，延緩視力降低的情形。」

① 仿單都有記載應注意事項，醫師沒有盡到告知說明義務

「Fluzocon 舒眼康、Serene 視寧藥物的仿單記載：

『Fluzocon 舒眼康』藥物並非長期用藥，如果需要長時間使用，病患必須定期接受眼壓、全身不良性反應與二度感染的追蹤檢查，長期使用類固醇曾經導致下列現象：眼壓升高（必須定期檢控眼壓）。

『Serene 視寧』藥物長期使用，皮質類固醇可能會造成眼內壓升高或青光眼，而導致視神經受損，使視力衰退，視野變窄和形成白內障，使用超過 10 天以上，必須經常檢查眼內壓，頻繁使用皮質類固醇，可能造成眼內壓過高或青光眼，另外也可能造成視神經受損及復原遲緩。」

「大仁醫森長期、多次開立予小青使用含類固醇的眼藥水『Fluzocon 舒眼康』、『Serene 視寧』等藥物，既然有其藥物仿單所記載的應注意事項及不良反應，則大仁醫森理應將該等不良副作用告知小青或家屬。加上大仁醫森自己承認他並沒有將長期使用眼藥水恐導致眼壓升高，而造成青光眼的事，向小青或家屬說明，因此無法認為大仁醫森有盡到醫師法第 12 條之 1、第 13 條、第 14 條規定的說明告知義務。」

② 醫師如果有量測眼壓，應該會發現眼壓逐漸升高

「類固醇所引起的慢性青光眼，是因為眼壓長期持續升高，需要數個月的時間，而小青左眼的視力自從 103 年 10 月 3 日起即竟僅有 0.02，且之後多次無法量測視力，更有模糊、看不清的記錄，最後於 104 年 2 月 23 日，在大醫院被診斷出青光眼，且

左眼的視力喪失，由此可以推知，在 103 年 10 月左右，小青左眼的眼壓已經因為長期使用類固醇藥水，而有緩慢逐漸升高的情形，如果大仁醫森在此段期間有量測眼壓，應該要發現小青的眼壓逐漸升高。」

「更何況，如果依照大仁醫森所說，眼壓正常時並不會記載，有記載時，通常是看診時發現有特殊狀況，但小青到眼科診所看診是為了矯正視力，在就診 1 年多後，左眼的裸視視力只有 0.02，甚至有連續數個月無法測試左眼視力，情況並不一般，如果大仁醫森有量測眼壓，理應會將眼壓部分，詳實記載在病歷之中，因此可以認為大仁醫森於此期間並沒有確實量測眼壓。」

③ **其他類似病患都有測量眼壓記錄，與醫師所說無法測量的情形並不相符**

「臨床上無論採用眼壓計或觸診的方式進行眼壓的檢查，都必須詳實記載在病歷記錄中。雖然大仁醫森說，看診的病患在眼壓檢測正常時，他通常沒有記載，只有在特殊情況下才會記載，但對照其他患者的病歷顯示，雖然有多名患者的就診病歷資料中，沒有見到任何量測眼壓的記錄，但其中也有記載數次測量眼壓相關記錄的患者，與大仁醫森所解釋，在特殊狀況下才記載眼壓的情形並不相符。」

「而且其中好幾位以眼壓機測量的病患，年齡更與小青相當，並沒有大仁醫森所說，因為幼童無法適應氣壓式眼壓機於測量時噴氣，而無法使用氣壓式眼壓的情形；另外更有眼睛疼痛、右眼外傷出血、左眼角膜水腫、眼角發炎，仍然使用氣壓式眼壓機測量眼壓的患者，這跟大仁醫森辯稱，因小青有角膜發炎、紅腫的情形，才無法用氣壓式眼壓器測量的情形不符。」

「更何況，前述這些病歷中有眼壓記載的患者，也只有簡單書寫數字、或以英文字『soft』記載，大仁醫森做這些記載所需的時間非常短暫，既然記載眼壓測量結果所需時間如此短暫，大仁醫森卻不記載，與常理不符。」

最後，法院判決大仁醫森犯業務過失致人重傷罪，處有期徒刑6個月，可易科罰金。

這題答案是（C）

醫師如沒有監測眼壓而導致病患失明，會有刑事責任

參考判決：臺灣高等法院 107 年醫上更一字第 1 號刑事判決

「眼藥水失明案」歷年判決結果

檢察官	家屬	地方法院	高等法院	最高法院	高等法院
不起訴	自訴	醫師無罪	醫師有罪	撤銷有罪判決	醫師有罪

Dr. 大仁哥碎碎唸

　　這個案例原本檢察官不起訴，但家屬提自訴後，經過六年時間，刑事已經判決確定，醫師被認為成立業務過失致重傷罪（目前在走再審程序，但翻案機會並不大），同時間，民事判決則還在進行，民事部分還沒確定，但目前最近的判決是醫師必須賠償 900 多萬。

　　這個案例要提醒大家兩件事：

1　仿單一定要看

　　兩種眼藥水的仿單皆記載長期使用可能造成眼壓過高，既然藥物的注意事項都這麼說了，事後發生問題就容易被認為違反醫療常規。這個案例，醫療鑑定皆認為醫師違反醫療常規。

2　病歷一定要寫

　　小青兩年間的就診記錄中，竟然都沒有眼壓記錄！如果醫師曾經寫下眼壓記錄的話，結果可能就不一樣了！或許小青就不會失明、醫師也不會被判刑及鉅額賠償了。

 重點小提醒 ~\/\/\/\

　　記得仿單一定要看、病歷一定要寫，這不僅可免六個月的有期徒刑、可避免 900 萬鉅額賠償。更可保住小青一輩子的視力！這就是典型醫病雙輸的結局，希望大家以後一定要更加小心！

青光眼

青光眼有分為急性和慢性青光眼兩種。青光眼常是眼球內的房水流動阻塞、無法排出，而導致眼壓升高，進而傷害視神經而影響視力。

慢性青光眼常與遺傳、糖尿病及近視有關，初期的症狀並不明顯，當出現症狀時，視神經常常已經嚴重受損，因此必須靠定期的眼睛檢查，才能提早發現、提早治療。

急性青光眼則是發病突然，會有急性的視力模糊、眼睛疼痛、頭痛、嘔吐等症狀，急性青光眼必須及時治療，否則幾天內就可能失去視力。

青光眼的危險因子有：家族成員有青光眼病史、老年人、長期使用類固醇、頑固型高眼壓之病患等等。因此這些族群一定要定期檢查眼睛才行。

青光眼如何奪走你的視力？

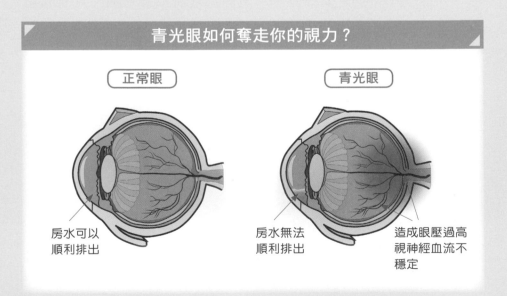

正常眼　　　　　　　　　　青光眼

房水可以　　　　房水無法　　　造成眼壓過高
順利排出　　　　順利排出　　　視神經血流不
　　　　　　　　　　　　　　　穩定

一位病人之死。
婦產科醫師要入獄服刑？

案例

Cathy 是一位 34 歲職場女強人。這次因為驗孕陽性，而到醫院婦產科看診。醫師以超音波檢查發現子宮內有胚囊，但還沒有發現心跳，所以醫師認為是早期懷孕，建議之後門診再繼續追蹤。

三天後早上，Cathy 忽然下腹痛至大仁醫森婦產科診所就診，大仁醫森聽她轉述醫院的檢查結果，並在做完腹部超音波及內診檢查後，認為 Cathy 下腹痛是因為骨盆腔發炎，所以開立抗生素及安胎藥後，讓她離院回家。

「肚子還是好痛！」Cathy 回家後，卻仍持續嘔吐、腹痛不止。

當天晚上，Cathy 再由家屬送回診所時，已經痛到臉色蒼白、冒冷汗、無法下車。

家屬請大仁醫森到車上看診，大仁醫森給 Cathy 打了止吐針，並告訴 Cathy 這是妊娠孕吐，回家休息就可以了。

279

沒想到 Cathy 回家後的幾個小時，一樣持續腹痛，後來再打 119 送至大醫院時，Cathy 已經休克昏迷、失去了生命徵象。

最後大醫院發現 Cathy 其實是子宮外孕破裂合併內出血，雖然 Cathy 緊急接受開刀急救，但仍於住院 2 週後，不幸身故。

➕ 檢察官主張

病人返診時，大仁醫森沒有檢查出 Cathy 的狀況，卻只是打個針，就讓她回家，有醫療過失的嫌疑。

➕ 醫師主張

我第一時間就認為有子宮外孕的可能了，當時就要告訴病人必須儘快回大醫院處理，第二次她再回來時，因為痛到無法下車，我只好先到車上打針，但我仍然再次提醒病人要趕快回大醫院，我怎麼知道後來她卻沒有去大醫院？

您認為呢？

您覺得大仁醫森有沒有醫療疏失呢？（單選）

（A）大仁醫森已再次提醒病人去大醫院檢查，因此沒有疏失。
（B）大仁醫森沒有做到該做的檢查、盡該盡的責任，有醫療疏失。

法院判決這麼說

① 從醫師的處方及病歷記載，並無法支持醫師所說的是真的

「衡量一般常情，醫師在執行業務時，為了避免發生醫療爭議，應該會將病人的主訴、檢查結果、醫師診斷及治療情形，詳細完整記載在病歷中，用來證明對病患已經盡到注意義務，而大仁醫森已經行醫多年，更應該知道仔細記載病歷以避免爭議的重要性，況且本案大仁醫森診斷的結果，如果跟大醫院的診斷結果有重大差異，為了預防之後醫療疏失的爭議，應該會將診斷結果及吩咐病人必須立刻到大醫院檢查開刀等情情，詳細記載在病歷之中。這是醫師自保的措施，但大仁醫森卻沒有在病歷中記載上述這些診斷結果及醫囑，這與常情不符。」

「而且，大仁醫森開立給被害人 Cathy 的處方用藥是消炎藥與黃體素，當天開立的處方顯然是以 Cathy 正常懷孕所開的醫療處方，更令人無法相信大仁醫森所辯稱說他當天早上就跟 Cathy 說她是子宮外孕的事。」

② 醫師並沒有再次對病人問診或安排檢查，來確認病因

「Cathy 在回家服用大仁醫森所開立的處方後，病情並沒有改善，到晚上 7 時 30 分，由家人開車載到大仁醫森診所時，Cathy 腹部劇痛、無力行走、臉色蒼白及冒冷汗，子宮外孕表現已經十分明顯。」

「大仁醫森早上所開立的處方既沒有改善 Cathy 的症狀，而且在子宮外孕症狀反而更明顯的情況下，大仁醫森當時應該可以預見 Cathy 罹患子宮外孕，且對生命身體有急迫危險，因此有防

止並且避免 Cathy 生命身體發生重大危害的義務，但大仁醫森卻仍然沒有深究原先的診斷是否有誤，也沒有依據醫療程序，再一次對 Cathy 問診或用醫療儀器進行檢查，來排除子宮外孕的可能性及確認 Cathy 正確的病因。」

③ **醫師打止吐針就叫病人回家休息，違反醫療常規**

「Cathy 當天晚上 7 點多前往診所就診時，已經呈現腹部劇痛、無力行走、臉色蒼白及冒冷汗等子宮外孕的症狀，醫師卻沒有進一步檢查（超音波檢查）或處置（緊急協助轉送至醫院治療），而認為 Cathy 是妊娠嘔吐，只有用止吐針處理，就叫她回家，不合於醫療常規。」

④ **如果及時診斷出子宮外孕，病人不致於發生休克、失去生命徵象的情況**

「如果大仁醫森能及時診斷出子宮外孕，在 Cathy 還沒發生休克之前，就加以治療或處置，Cathy 應該不會發生失去生命徵象的情況。大仁醫森是專業婦產科醫師，熟知子宮外孕的危險性，竟然沒有盡到醫療上必要的注意義務，做該做的檢查或處置，確實有過失。」

⑤ **醫師事後推卸責任、態度不佳**

「醫師造成當時只有 34 歲的 Cathy 因為右側輸卵管子宮外孕破裂，導致死亡的嚴重結果、而且留下只有 7、8 歲的小孩，對 Cathy 家屬造成心理上難以彌補的傷痛，並且大仁醫森後來並沒有悔改的意思，還推卸責任給 Cathy 家屬延誤病情、接手的醫師誤診及急診手術不當，犯後態度不佳。」

最後法院判決大仁醫森成立業務過失致死罪，處有期徒刑 1 年 4 個月，必須入獄服刑。

這題答案是（B）

大仁醫森沒有做到該做的檢查、盡該盡的責任，有醫療疏失

參考判決：臺灣高等法院 107 年度重醫上更二字第 41 號判決

「子宮外孕案」歷年判決結果

地方法院	高等法院	最高法院	高等法院	最高法院	高等法院	最高法院
醫師有罪	醫師有罪	撤銷有罪判決	醫師有罪	撤銷有罪判決	醫師有罪	醫師有罪

Dr. 大仁哥碎碎唸

這又是醫師有罪定讞，必須入獄服刑的案例了。除了醫師的解釋因為沒有寫病歷而沒被法院採信以外，我們可以再分兩個方向來看看，這次為什麼醫師必須入獄服刑：

1 為什麼有罪？

法院主要認為，病人持續腹痛再度就診，此時已經痛到臉色蒼白無法下車，這時大仁醫森身為一位資深婦產科醫師，應該要想到

子宮外孕破裂出血的可能性，但竟然什麼都沒檢查，打個針就叫病人回家休息！這個行為明顯違反醫療常規，導致沒有即時檢查出病人的情況，最後病人因此而死亡。但其實法官這裡要求的並不是「應該要診斷出子宮外孕」，而是「**病人返診且更嚴重時，應該要更仔細檢查病因**」，這才是法官認為醫師違反醫療常規、有過失的地方。

2　為什麼沒有緩刑？

　　這個案子法官沒有給予醫師緩刑，主要也是**認為醫師態度不佳**，醫師不僅沒有認錯，還把病人死亡的原因推給家屬延誤、推給其他醫師誤診、其他醫師手術不當等等。

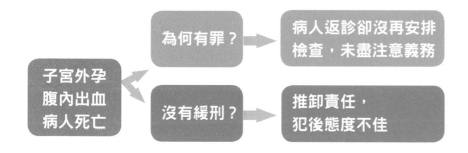

未查出子宮外孕病人死亡？醫師被判刑的原因是？

為何有罪？ → 病人返診卻沒再安排檢查，未盡注意義務

子宮外孕腹內出血病人死亡

沒有緩刑？ → 推卸責任，犯後態度不佳

重點小提醒

這個判決給我們的二個體會與警惕：

1　病人返診且症狀更嚴重時，一定要更加謹慎，千萬不能掉以輕心。

2　該做的檢查、該做的評估都要做，一念之間的「沒關係」，可能就會造就不幸的後果。

從案例
學醫療知識

子宮外孕

正常的懷孕，卵子在輸卵管遇到精子，成為受精卵後，會進到子宮著床，並且進而發育成胚胎及寶寶。

子宮外孕就是受精卵迷路了，而在子宮以外的地方著床，可能著床於輸卵管、卵巢、或者腹腔其他位置，其中最常見的子宮外孕是著床在輸卵管。

受精卵著床在輸卵管並持續長大後，就可能導致輸卵管被撐破，於是媽媽可能就有腹痛、腹內出血的情形，當腹內出血嚴重時，將使媽媽休克而有生命危險，必須緊急開刀。

而因為子宮外孕時，媽媽並不見得知道自己已經懷孕，因此通常孕齡女性下腹痛時，醫師都要想到有子宮外孕的可能性，而必須進一步檢查哦！

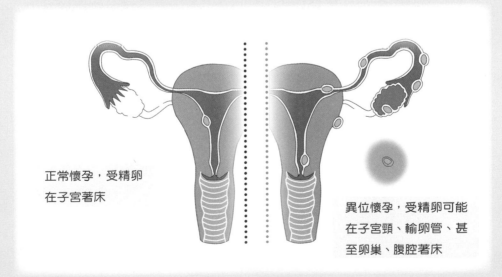

正常懷孕，受精卵
在子宮著床

異位懷孕，受精卵可能
在子宮頸、輸卵管、甚
至卵巢、腹腔著床

逆轉再逆轉！纏訟 14 年的子宮外孕，結果是？

💙 **案例**

小芊因為多年不孕，決定找婦產科人工生殖名醫大仁醫森做人工生殖。

大仁醫森為小芊植入多個胚胎，兩週後確認植入成功，胚胎在小芊子宮內順利著床。

又過了一週（植入胚胎後 25 天），小芊卻發現陰道不正常出血。

小芊到醫院回診後，由於大仁醫森出國，這次改由小白醫師檢查。小白醫師用超音波確認子宮內有妊娠囊，於是小芊住院安胎一天後出院。

但小芊出院後，陰道仍有出血情形，於是再度返回醫院住院，大仁醫森回國後，繼續使用藥物為小芊安胎治療。

萬萬沒想到，住院才兩、三天，小芊忽然抽搐、牙關緊閉、大小便失禁、失去意識，大仁醫森趕緊為小芊急救並轉送醫學中心，但仍然急救無效。

後來小芊經由法醫解剖，檢查報告為「子宮外孕及骨盆腔出血（200cc）、少量硬腦膜下出血，導致休克死亡」，檢察官認為大仁醫森不僅沒檢查出子宮外孕，甚至還繼續安胎治療，才使小芊死亡，於是將大仁醫森以過失致死罪起訴。

✚ 檢察官主張

　　大仁醫森應該要注意小芊因進行試管嬰兒療程植入 2 個胚胎，會有子宮外孕的可能性，但卻依然沒注意到小芊子宮外孕的情形，才導致後來小芊子宮外孕出血死亡，因此大仁醫森有過失致死的嫌疑。

✚ 醫師主張

　　懷孕初期，並不容易診斷子宮外孕，而且我們已經做過一系列的超音波檢查，一直都沒有看到任何異狀，因此並沒有醫療過失。

您認為呢？

您覺得大仁醫森有醫療過失嗎？（單選）

（A）大仁醫森沒有檢查出子宮外孕，有醫療過失。

（B）大仁醫森已經盡力檢查，但子宮外孕早期無法診斷，大仁醫森沒有醫療過失。

🔍 法醫鑑定怎麼看

關於小芊的死因，法醫解剖報告認為是因為子宮外孕，使輸卵管破裂導致休克死亡，而且法醫認為大仁醫森似乎沒有發現小芊有子宮外孕的情形。

法醫死因看法：「由解剖知道死者是因為左側輸卵管異位妊娠破裂，而形成骨盆腔內有 200cc 的血塊，伴隨少量硬腦膜下出血，引起癲癇，最後導致休克死亡，死亡方式應屬意外，至於醫師有沒有缺失，則應該由衛生署的臨床專家詳細審查，但醫師似乎沒有發現子宮外孕且破裂的情形。」

🔍 醫師反駁

對於法醫的報告，大仁醫森反駁說小芊並沒有子宮外孕的症狀，而且也不是因為子宮外孕破裂而死亡。

「醫師只能使用超音波檢查，進行子宮外孕的早期診斷，而所有教科書都寫著植入胚胎之後，要 33 天後才能做出有效的診斷，事實上病人植入胚胎後的 28 天以前，就已經做過一系列的超音波檢查，都沒有看到任何異狀，最後一次要做超音波檢查時，病人就發生抽搐。」

「臨床上一定要有合併腹痛、輸卵管腫大、腹膜刺激、子宮腫大等四大症狀，才可能懷疑有子宮內孕合併外孕的情形，病人當時不符合前述四大合併症狀，並沒有跡象懷疑子宮內孕合併外孕，病人應該是硬腦膜下出血引起癲癇，導致神經性休克死亡，而不是子宮外孕破裂而死亡。」大仁醫森這麼說。

醫療鑑定這麼說

於是，案子又送了醫療鑑定，鑑定報告這麼認為：

① 無法認定子宮外孕出血破裂是導致硬腦膜下出血的原因

「由解剖報告及病歷判斷，病人最可能的直接死因為硬腦膜下血腫，以及伴隨而來的神經性傷害，繼而引發的神經性休克。因為解剖時發現的硬腦膜下血腫出血量大約是 100cc，根據文獻顯示，顱腔內的出血量在 25-30cc 以上，在臨床上應該有相當的意義，可能造成神經學症狀，甚至死亡。根據現有資料，並無法認定病人子宮外孕出血破裂，是直接導致硬腦膜下出血的原因。」

② 合併子宮內孕情形下，要診斷子宮外孕是更加困難的

「根據教科書記載：正常子宮內受孕時，妊娠囊最早要在妊娠 5 週時，才可經由腹部超音波看到；最早要在妊娠 4 週時，才可以由陰道超音波看到。因此，偵測到子宮外孕的胚囊在臨床上是困難的。尤其是合併子宮內、外都有懷孕之情形，在已經診斷出子宮內懷孕後，要再診斷出合併子宮外孕的情形，更是相對困難的。」

③ 最早要 28 天，才可以從陰道超音波看出子宮及輸卵管兩處有胚胎存在

「又一般要確定有兩個胚胎分別存在於子宮及輸卵管裡面，需要在植入後 28 天到 35 天才能發現，最早要 28 天，一般可能要 35 天，才可以從陰道超音波看出這兩個不同地方有胚胎的存在，因為那時才能看到小孩的心跳，一般我們能夠看到心跳出現大概是受孕 7 週，要確診子宮外孕及子宮裡面的受孕確實存在，必須要看到胚胎有心跳，才能確定兩個不同地方受孕。」

「依照本件病歷，對於 28 天的胚胎做腹部超音波，並沒有發現子宮內的胚胎有心跳，所以也看不到輸卵管內的胚胎有心跳。除非病人有大量出血，才會懷疑病人可能有子宮外孕破裂的問題，否則沒有辦法診斷出病人有兩個不同地方懷孕。」

🔍 法院判決這麼說

雖然醫療鑑定認為這種情形下不容易診斷出子宮外孕，且一審法院也認為大仁醫森沒有違反醫療常規，判決大仁醫森無罪。

但上訴到二審高等法院後，高等法院卻認為大仁醫森成立業務過失致死罪，法院這麼說：

① 不能因為及時診斷有困難，就認為沒有用陰道超音波檢查的必要

「雖然依照文獻記載，子宮外孕的診斷平均確定診斷日是懷孕 6 週又 3 天（懷孕 45 天、取卵日後 31 天），但在胚胎植入後 19 天，並不是不能用陰道超音波檢查出有無子宮外孕的可能，所以不能因為及時診斷有困難，就認為沒有用陰道超音波檢查的必要。」

② 人身安全與受孕成功間之選擇，應以人身安全為重

「大仁醫森不僅對被害人小芊在實施本次胚胎植入前的身體狀況十分清楚，對於本次胚胎植入的數量、以及植入後小芊有『淡褐色分泌物流出』、『腹悶痛』、『陰道出血』、『腹痛』等症狀也都非常清楚。在這情形下，大仁醫森是不是應該要注意被害人有沒有子宮外孕的可能性，進而實施必要的檢查？用來確保小芊的人身安全，而不是單純以是否人工生殖懷孕成功為首要考量。在病人人身安全的生命權及受孕成功間選擇，應以誰為重？這除了涉及醫師本身的判斷外，也是影響本案判斷重要的地方。」

③ **醫師忽略子宮外孕的可能，沒有施以陰道超音波檢查，有過失**

「大仁醫森只著重在被害人小芊安胎以及脅迫性流產的治療，忽略小芊有子宮外孕的可能性，從沒進行陰道超音波檢查，大仁醫森對於醫療業務的執行明顯有應注意、能注意而不注意的過失。」

最終判決這麼說

在被高等法院認為過失致死有罪後，大仁醫森不服再次上訴。

這一次，法院再把有罪判決推翻，改判大仁醫森無罪確定，這次判決是這麼認為的：

① **有沒有違反注意義務，應該是以有沒有違反醫療常規作為基準**

「本案檢察官認為，『醫師應該注意被害人是進行試管嬰兒療程，並植入多數胚胎，有多胞胎可能，除在子宮內著床外，也有子宮外孕的可能性，在確認被害人子宮內懷孕後，應該以直腸子宮間凹穿刺術、骨盆腔檢查或理學檢查等方法，確認有無子宮外孕』，這是大仁醫森應盡的注意義務。但是依照病人小芊當時的病情，在醫療常規上是否應該進行這些檢查？是認定大仁醫森是否違反注意義務的關鍵所在。」

② **大仁醫森沒有作穿刺術或骨盆腔檢查，並沒有違反醫療常規**

「依照婦產科醫學會的鑑定意見，已經明確指出直腸子宮間凹穿刺術、骨盆腔檢查都屬於侵入性檢查，而且有造成流產的危險，其中直腸子宮間凹穿刺術，在目前臨床上大部分已經不再做了，因此這可認定大仁醫森沒有採取這些侵入性檢查，並沒有違反醫療常規。」

291

「依照病人小芊當時有先兆性流產的症狀，但沒有持續下腹疼痛、附屬器腫塊、腹膜刺激反應、以及子宮腫大等子宮外孕四大症狀，而且血壓、脈搏等生命跡象穩定，並沒有大量失血的症狀，此時要求醫師必須冒著可能造成流產的危險，進行直腸子宮間凹穿刺術、骨盆腔檢查或理學檢查等侵入性檢查，並不是醫療常規。也就是說在這情形下，大仁醫森沒有做這些檢查，並沒有違反注意義務。」

③ 醫師沒有給予陰道超音波檢查，也沒有違反醫療常規

「陰道超音波雖然可以作為子宮外孕的檢查工具，但敏感度只有 38% 可診斷出子宮外孕。婦產科醫學會回覆：『目前國內並沒有何時可以開始應用陰道超音波的常規。』所以可認為就算大仁醫森沒有用陰道超音波檢查，確認病人有無子宮外孕的情形，也沒有違反一般醫療常規，沒有過失。」

最後，經過了 14 年，終於判決大仁醫森沒有違反醫療過失，無罪確定。

「子宮外孕案」歷年判決結果

地方法院	高等法院	最高法院	高等法院	最高法院
醫師無罪	醫師有罪	撤銷有罪判決	醫師無罪	醫師無罪

這題答案是（B）

大仁醫森已經盡力檢查，但子宮外孕早期無法診斷，大仁醫森沒有醫療過失

參考判決：臺灣高等法院高雄分院 106 年重醫上更（一）字第 1 號刑事判決

Dr. 大仁哥碎碎唸

這個案件纏訟 14 年，有罪判決認為雖然醫師沒有違反醫療常規，但人命最大，不能因為「流產風險高，就沒有進行穿刺或骨盆腔檢查」，也不能以「28 週時，用陰道超音波檢查出子宮外孕有難度，就沒有檢查」。認為醫師沒有盡到注意義務，成立刑法上業務過失致死罪。

類似案例是我們前面提到的「心導管葉克膜案」，法院認為「只要你多做一點，就可以防止一條人命死亡」，在傳統刑法思考之下，很容易判決醫師沒有盡到注意義務，成立業務過失致死罪。

但這幾年醫界與法界溝通互動後，漸漸地以「醫療常規」為共識。原則上，醫師要違反醫療常規，才會被認定刑法上過失。前面提及的葉克膜案與本案，最後都是以「沒有違反醫療常規」，而逆轉為無罪。

「子宮外孕猝死」，判決逆轉的理由

有罪認定：

被告應注意被害人有無子宮外孕之可能，而實施必要之檢查以確保被害人之人身安全，而非單純以是否人工生殖懷孕成功為其首要考量。換言之，在於被害人人身安全之生命權及被害人受孕成功間之選擇，應以何為重？

被告從未施以陰道超音波檢查，顯有應注意、能注意而不注意之過失

① 逆轉變無罪判決：
有無違反注意義務，應以有無違反醫療常規為基準

② 逆轉變無罪判決：
醫師未予穿刺術或骨盆腔檢查，並無違反醫療常規

③ 逆轉變無罪判決：
醫師未予陰道超音波檢查，並無違反醫療常規

重點小提醒 ∽⋁⋁⋁

刑事上判決醫療行為有沒有過失，原則上還是以「有沒有違反醫療常規」做判斷，因此醫師一定要要求自己不能違反醫療常規。

但法律上沒有過失，也不代表醫師就不需多注意病人的狀況，畢竟病情表現千變萬化，因此一定要隨時提醒自己病人的狀況有沒有其他可能性，才可以讓病人更安全與安心。

讓我們一起更好！

楊坤仁

看完這本書的 40 個判決故事後，不知道您的感覺是什麼？醫療糾紛到底是單方誰的「錯」還是雙方共同的「痛」呢？

很多人都覺得醫師只要跟醫療糾紛扯上關係，那一定就是這位醫師沒醫德、有醫療過失。但事實上，憲法保障每個人都有提告的權利，因此只要「不滿意」就可以是告人的理由，甚至「沒有理由」也可以是一個理由。「會不會被告」跟有沒有醫德、或者有沒有過失，其實並不直接相關。

也因為如此，並不需要把「醫療糾紛」汙名化，汙名化只會讓大家更不敢講、更不想去討論，在醫、病、法三方彼此存在誤解之下，那病人永遠無法有一個更好的醫療環境。相對的，如果大家都正向地去看這些故事，並且能從系統面介入，讓類似的遺憾不再發生，讓醫病雙方站在同一邊而不是對立面，是不是就可以讓彼此一起更好？

　　我想起那一年，我收到了檢察官的出庭傳票，那是一件病人在急診猝死的案件。

　　當時才剛成為急診住院醫師沒多久的我，收到被告的傳票當下，心情是很黑暗、很無助的，這種擔憂與恐懼持續了一年的時間，直到後來檢察官認為醫療上並沒有過失，給予了「不起訴」的處分，糾結一年的心情才真的放開。

　　雖然對我來說是鬆了一口氣，但是過程中我卻可以感受到病人家屬不諒解與怨恨的心情。「你怎麼可以那麼沒良心？你會下十八層地獄！」病人家屬這麼對我說。

　　檢察官終於還我清白，但我並不覺得「我贏了」。發生在病人身上的不幸是遺憾，但家屬對醫療的心結永遠解不開，更是永無止盡的折磨。

　　如果病人端能理解醫療的侷限性、如果醫療端也能體會病人及家屬的無助、如果雙方能夠更互相信任，一起面對問題、一起讓醫療環境更好，那不是對雙方都很好嗎？

　　希望這本書能夠對大家有幫助，**建立起醫、病、法三方互相理解的橋樑。**

　　必須感謝很多人的幫忙，才能讓這本書順利出版。感謝何飛鵬社長兩年前在「寫出影響力」課程中，對於我出這本書想法的肯定，感謝憲哥、福哥、感謝好搭檔大為、為民、仙女、Eva 的出書經驗分享，感謝總編輯小鈴、編輯瀞文，還有出版社每位工作人員。

　　最後謹以這本書，獻給我的家人，我的父親、母親，還有 Portia、Jane 以及 Peter。

附 錄　本書參考判決總整理

1-1　嗎啡止痛，病人卻死亡，法院怎麼判決？

- 臺灣臺北地方法院 103 年度醫字第 14 號判決 (105.11.15)

1-2　心導管手術沒解釋就簽手術同意書？同意書有效嗎？

- 臺灣臺南地方法院 87 年度自字第 216 號判決 (87.10.29)
- 臺灣高等法院臺南分院 87 年度上訴字第 1826 號判決 (88.08.05)
- 最高法院 90 年度台上字第 6702 號判決 (90.11.01)
- 臺灣高等法院臺南分院 90 年度重附民上更字第 322 號判決 (91.05.29)
- 臺灣高等法院臺南分院 90 年度上更 (一) 字第 596 號判決 (91.05.29)
- 最高法院 94 年度台上字第 2676 號判決 (94.05.20)
- 臺灣高等法院臺南分院 94 年度重上更 (二) 字第 278 號判決 (94.08.24)
- 最高法院 95 年度台上字第 3476 號判決 (95.06.23)
- 臺灣高等法院臺南分院 95 年度重醫上更 (三) 字第 327 號判決 (96.01.29)

1-3　腰椎術後併發馬尾症候群，醫師沒解釋風險，要賠償嗎？

- 臺灣新北地方法院 97 年度醫字第 4 號判決 (98.10.20)
- 臺灣高等法院 98 年度醫上字第 32 號判決 (100.06.08)

1-4　病人簽完手術同意書，術後卻說醫師沒解釋手術風險？

- 臺灣臺中地方法院 107 年度醫字第 11 號判決 (107.09.28)
- 臺灣高等法院臺中分院 107 年度醫上字第 11 號判決 (108.02.26)
- 最高法院 109 年度台上字第 1574 號裁定 (109.07.08)
- 臺灣高等法院臺中分院 109 年度醫再字第 2 號裁定 (109.08.31)

1-5　脊椎術後發生併發症，卻認為醫師沒解釋風險？

- 臺灣臺北地方法院 104 年醫字第 34 號民事判決 (107.09.25)

1-6　腦瘤術後卻失明？醫師沒解釋風險要賠償嗎？

- 臺灣臺南地方法院 102 年度醫字第 1 號判決 (103.09.16)
- 臺灣高等法院臺南分院 103 年度醫上字第 5 號判決 (105.07.07)
- 最高法院 107 年度台上字第 820 號裁定 (107.04.26)

3-7　只是講話大聲點？算醫療暴力嗎？

- 臺灣臺北地方法院 108 年審簡字第 1557 號刑事判決 (108.09.04)

3-8　「借牌行醫」出了醫療糾紛，誰該負責？

- 臺灣高雄地方法院 107 年度醫字第 8 號判決 (108.04.10)
- 臺灣高等法院高雄分院 108 年度醫上易字第 4 號判決 (109.01.22)

3-9　住院期間病人自殺了，誰該負責任？

- 臺灣彰化地方法院 106 年度醫字第 3 號判決 (106.08.24)
- 臺灣高等法院臺中分院 106 年度醫上易字第 5 號判決 (107.05.02)

3-10　「慶開幕免掛號費」是否觸法？

- 高雄高等行政法院 96 年簡字第 278 號行政判決 (96.11.12)

4-1　洗腎導管掉落，導致病人出血死亡？

- 臺灣高雄地方法院 104 年度醫字第 24 號判決 (105.09.29)
- 臺灣高等法院高雄分院 105 年度醫上字第 5 號判決 (107.01.10)
- 最高法院 108 年度台上字第 2602 號裁定 (109.07.30)

4-2　抽脂術後竟然喪命？醫師要入獄服刑？

- 臺灣高雄地方法院 104 年度醫訴字第 1 號判決 (106.08.21)
- 臺灣高等法院高雄分院 106 年度醫上訴字第 4 號判決 (107.03.21)
- 最高法院 107 年度台上字第 4259 號判決 (108.03.06)

**4-3
4-4　開刀治腿失敗變截肢，醫師有醫療過失嗎？**

- 臺灣新北地方法院 99 年度易字第 1330 號判決 (103.01.27)
- 臺灣高等法院 103 年度上易字第 665 號判決 (103.10.07)
- 臺灣高等法院 107 年再字第 7 號刑事判決 (108.12.19)

4-5　執行心導管術要不要葉克膜待命？ 10 年終於有答案！

- 臺灣桃園地方法院 100 年度醫訴字第 3 號判決 (102.06.26)
- 臺灣高等法院 102 年度醫上訴字第 11 號判決 (103.11.07)
- 最高法院 105 年度台上字第 182 號判決 (105.01.20)
- 臺灣高等法院 105 年度重醫上更 (一) 字第 4 號判決 (108.03.12)

4-6　使用眼藥水導致失明，是醫療過失嗎？

- 臺灣臺北地方法院 104 年度自字第 55 號判決 (106.04.19)
- 臺灣高等法院 106 年度醫上易字第 2 號判決 (106.09.07)
- 最高法院 107 年度台上字第 1734 號判決 (107.08.30)
- 臺灣高等法院 107 年度醫上更一字第 1 號判決 (109.12.02)
- 臺灣高等法院 109 年度聲再字第 570 號判決 (審判中)

4-7　一位病人之死。婦產科醫師要入獄服刑？

- 臺灣新竹地方法院 101 年度訴字第 69 號判決 (103.07.31)
- 臺灣高等法院 103 年度醫上訴字第 10 號判決 (106.01.12)
- 最高法院 106 年度台上字第 946 號判決 (106.09.07)
- 臺灣高等法院 106 年度重醫上更 (一) 字第 34 號判決 (107.06.06)
- 最高法院 107 年度台上字第 3375 號判決 (107.10.31)
- 臺灣高等法院 107 年度重醫上更二字第 41 號判決 (108.04.11)
- 最高法院 108 年度台上字第 1768 號判決 (108.07.03)

4-8　逆轉再逆轉！纏訟 14 年的子宮外孕，最後結果是？

- 臺灣高雄地方法院 100 年度醫訴字第 7 號判決 (101.04.26)
- 臺灣高等法院高雄分院 101 年度醫上訴字第 1 號判決 (106.04.27)
- 最高法院 106 年度台上字第 2359 號判決 (106.08.03)
- 臺灣高等法院高雄分院 106 年度重醫上更 (一) 字第 1 號判決 (108.07.31)
- 最高法院 108 年度台上字第 3067 號判決 (108.11.07)

悅讀健康系列 HD3171

老師沒教的40堂醫療必修課

40個真實法院判決　攸關病人安全、避免醫療糾紛

作　　　者／楊坤仁
選　　　書／林小鈴
企 劃 編 輯／梁瀞文

行 銷 經 理／王維君
業 務 經 理／羅越華
總 編 輯／林小鈴
發 行 人／何飛鵬
出　　　版／原水文化
　　　　　　台北市民生東路二段 141 號 8 樓
　　　　　　電話：02-2500-7008　傳真：02-2502-7676
　　　　　　網址：http://citeh2o.pixnet.net/blog E-mail：H2O@cite.com.tw
發　　　行／英屬蓋曼群島商家庭傳媒股份有限公司城邦分公司
　　　　　　台北市中山區民生東路二段 141 號 2 樓
　　　　　　書虫客服服務專線：02-25007718；02-25007719
　　　　　　24 小時傳真專線：02-25001990；02-25001991
　　　　　　服務時間：週一至週五上午 09:30-12:00；下午 13:30-17:00
　　　　　　讀者服務信箱 E-mail：service@readingclub.com.tw
劃 撥 帳 號／19863813；戶名：書虫股份有限公司
香 港 發 行／香港灣仔駱克道193號東超商業中心1樓
　　　　　　電話：852-2508-6231　傳真：852-2578-9337
　　　　　　電郵：hkcite@biznetvigator.com
馬 新 發 行／城邦（馬新）出版集團
　　　　　　41, Jalan Radin Anum, Bandar Baru Sri Petaling,
　　　　　　57000 Kuala Lumpur, Malaysia.
　　　　　　電話：603-9057-8822　傳真：603-9057-6622
　　　　　　電郵：cite@cite.com.my

美 術 設 計／鄭子瑀
內 頁 插 畫／林敬庭
攝　　　影／Studio X 梁忠賢
印　　　刷／卡樂彩色製版印刷有限公司

初　　　版／2021年4月1日
初 版 3.5 刷／2022年1月11日
定　　　價／450元
ISBN　978-986-99816-6-8

城邦讀書花園
www.cite.com.tw

國家圖書館出版品預行編目資料

老師沒教的 40 堂醫療必修課 / 楊坤仁 . – 初版 . – 臺北市：原水文化出版：英屬蓋曼群 島商家庭傳媒股份有限公司城邦分公司發行，2021.04
　　面；　公分 . –（悅讀健康系列；HD3171）
ISBN 978-986-99816-6-8（平裝）

1. 醫療糾紛 2. 醫事法規 3. 判決

585.79　　　　　　　　　　　　　　　　　　110003335